HET ZOUT, VET, ZUUR, WARMTE KOOKBOEK

Van kruiden tot aanbraden, ontdek de kracht van vier elementen in 100 heerlijke gerechten

Mille Jonsson

Auteursrechtelijk materianaar de©2024

Bijrechten voorbehouden

Geen enkel deel van dit boek mag in welke vorm of op welke manier dan ook worden gebruikt of overgedragen zonder de juiste schriftelijke toestemming van de uitgever en eigenaar van het auteursrecht, met uitzondering van korte citaten die in een recensie worden gebruikt. Dit boek mag niet worden beschouwd als vervanging voor medisch, juridisch of ander professioneel advies.

INHOUDSOPGAVE

INHOUDSOPGAVE 3
INVOERING 6
SALADES 7
   1. HELDERE KOOLSLA 8
   2. VIETNAMESE KOMKOMMERSALADE 10
   3. GESCHOREN WORTELSALADE MET GEMBER EN LIMOEN 12
   4. GESCHOREN VENKEL EN RADIJZEN 15
   5. ZOMERSE TOMATEN-KRUIDENSALADE 17
   6. TOMAAT, BASILICUM EN KOMKOMMER 19
   7. GEROOSTERDE POMPOEN, SALIE EN HAZELNOOT 21
   8. GEROOSTERDE RADIJS EN ROQUEFORT 24
   9. ASPERGES EN FETA MET MUNT 27
GROENTEN 30
   10. GEKONFIJTE CHERRYTOMAATJES 31
   11. ERWTEN MET PEPERS EN MUNT 33
   12. KNOFLOOKACHTIGE GROENE BONEN 35
   13. POMPOEN EN SPRUITJES IN BITTERZOET 37
   14. PITTIGE BROCCOLI RABE MET RICOTTA SALATA 40
   15. GEGRILDE ARTISJOKKEN 43
VOORRAAD EN SOEPEN 46
   16. KIPPENBOUILLON 47
   17. STRACCIATELLA ROMEINSE EIERDRUPPELSOEP 49
   18. TOSCAANSE BONEN- EN BOERENKOOLSOEP 51
   19. ZIJDEACHTIGE ZOETE MAÏSSOEP 54
BONEN, KORRELS EN DEEGWAREN 57
   20. PERZISCHE RIJST 58
   21. PASTA CACIO EN PEPE 61
   22. PASTA BIJ DE POMAROLA 63
   23. PASTA MET BROCCOLI EN BROODKRUIMELS 67
   24. PASTA NAAR DERAGÙ 70
   25. PASTA BIJMOSSELEN PASTA MET MOSSELEN 74
VIS 77
   26. LANGZAAM GEROOSTERDE ZALM 78
   27. IN BIER GEHAVENDE VIS 80
   28. GEKONFIJTE TONIJN 83
KIP EN EIEREN 86
   29. KROKANTSTE GEKRUIDE KIP 87
   30. KUKU SABZI FRITTATA MET PERZISCHE KRUIDEN EN GROENTEN 90

31. Pittige gebakken kip 94
32. Kippottaart 97
33. Gekonfijte kip 101
34. Gefrituurde kip om je vingers bij af te likken 104
35. Salie- en honinggerookte kip 107
36. Kip- en Knoflooksoep 110
37. Adas Polo o Morgh Kip met Linzenrijst 113
38. Kip met Azijn 116
39. Geglazuurde vijfkruidenkip 119
40. In karnemelk gemarineerde gebraden kip 122
41. Siciliaanse kipsalade 125

VLEES 127
42. Pittige Gepekelde Kalkoenborst 128
43. Varkensvlees gestoofd met chilipepers 131
44. Kufte Kebab 134

SAUZEN 137
45. Basis Saus Groente 138
46. Gebakken Salie Saus Groente 140
47. Klassieke Franse kruidensaus 142
48. Mexicaans-achtige kruidensaus 144
49. Zuidoost-Aziatische kruidensaus 146
50. Japans-achtige kruidensaus 148
51. Meyer Citroensaus 150
52. Noord-Afrikaanse Charmoula 152
53. Indiase kokos-korianderchutney 154
54. Salmoriglio Siciliaanse oreganosaus 156
55. Kruidige Yoghurt 158
56. Perzische kruiden- en komkommeryoghurt 160
57. Borani Esfenaj Perzische Spinazie Yoghurt 162
58. Mast-o-Laboo Perzische bietenyoghurt 164
59. Basis Mayonaise 166
60. Klassieke Sandwich Mayo 168
61. Aïoli Knoflook Mayonaise 170
62. Kruidenmayonaise 172
63. Rouille Peper Mayonaise 174
64. Tartaarsaus 176
65. Basis Peperpasta 179
66. Harissa Noord-Afrikaanse pepersaus 181
67. Muhammara Peper- en Walnootpasta 183
68. Basilicum pesto 185
69. Chutney van gekonfijt fruit 188
70. Zoetzure papajachutney 190
71. Chutney van kardemom-gekruide kweeperen 192

JURKEN 194
- 72. Vinaigrette van rode wijn 195
- 73. Balsamico azijn 197
- 74. Citroenvinaigrette 199
- 75. Limoenvinaigrette 201
- 76. Tomatenvinaigrette 203
- 77. Rijstwijnvinaigrette 205
- 78. Caesar verband 207
- 79. Romige kruidenverband 209
- 80. Blauwe kaas verband 211
- 81. Groene Godin Verband 213
- 82. Tahin-verband 215
- 83. Miso-mosterdverband 217
- 84. Pinda-Limoenverband 219

DEEG 221
- 85. Taartdeeg uit boter 222
- 86. Taart deeg 225

SNOEPJES EN DESSERTS 228
- 87. Olijfolie en zeezoutgranola 229
- 88. Klassieke appeltaart 232
- 89. Klassieke Pompoentaart 235
- 90. Lichte en schilferige karnemelkkoekjes 238
- 91. Appel- en Frangipanetaart 241
- 92. Maak er sap van en maak Granita 245
- 93. Chocolade Middernachttaart 247
- 94. Verse gember- en melassecake 250
- 95. Theecake met amandelen en kardemom 253
- 96. Bitterzoete chocoladepudding 256
- 97. Karnemelk Panna Cotta 259
- 98. Marshmallow-schuimgebakjes 261
- 99. Geparfumeerde crème 264
- 100. Gezouten Karamelsaus 266

CONCLUSIE 268

INVOERING

Welkom bij "Het kookboek voor zout, vet, zuur en hitte: van kruiden tot aanschroeien, ontdek de kracht van vier elementen in 100 heerlijke gerechten." In de kookwereld is het beheersen van de balans tussen zout, vet, zuur en hitte de sleutel tot het creëren van gerechten die niet alleen goed zijn, maar ook werkelijk uitzonderlijk. Geïnspireerd door de principes die zijn uiteengezet in het veelgeprezen boek van Samin Nosrat, is dit kookboek uw gids om het volledige potentieel van deze vier elementen te ontsluiten en uw culinaire creaties naar nieuwe hoogten te tillen.

Zout, vet, zuur en warmte zijn de bouwstenen van smaak, textuur en balans bij het koken. In dit kookboek gaan we dieper in op elk element en onderzoeken we de rol ervan bij het verbeteren van ingrediënten, het ontwikkelen van complexe smaken en het creëren van memorabele gerechten. Of je nu op smaak brengt met een snufje zout, vet opwarmt voor een perfecte textuur, de zuurgraad in evenwicht brengt voor helderheid, of warmte toepast voor karamellisatie en diepte van smaak, je leert hoe je deze elementen met precisie en vertrouwen kunt hanteren.

Elk recept in dit kookboek is zorgvuldig samengesteld om de transformatieve kracht van zout, vet, zuur en warmte te demonstreren. Van eenvoudige salades en stevige hoofdgerechten tot decadente desserts en alles daartussenin, je vindt een gevarieerd aanbod aan gerechten die de magie van deze vier essentiële elementen vieren. Met gedetailleerde instructies, handige tips en verbluffende fotografie voelt u zich geïnspireerd om te experimenteren, te innoveren en uw eigen culinaire meesterwerken te creëren.

Dus of je nu een beginnende kok bent die graag de grondbeginselen van smaak wil leren, of een doorgewinterde chef-kok die zijn vaardigheden wil verfijnen, " Het kookboek voor zout, vet, zuur en hitte " biedt voor elk wat wils. Laat dit kookboek je metgezel zijn terwijl je door de keuken reist en de magie van zout, vet, zuur en hitte ontdekt in elke heerlijke hap.

SALADES

1. Heldere koolsla

INGREDIËNTEN:
- 1/2 middelgrote kop rode of groene kool (ongeveer 1 1/2 pond)
- 1/2 kleine rode ui, in dunne plakjes gesneden
- 1/4 kopje citroensap
- Zout
- 1/2 kop grof gehakte peterselieblaadjes
- 3 eetlepels rode wijnazijn
- 6 eetlepels extra vergine olijfolie

INSTRUCTIES:
a) Snijd de kool door de kern. Gebruik een scherp mes om de kern schuin uit te snijden. Snijd de kool kruislings in dunne plakjes en doe ze in een vergiet in een grote slakom. Breng op smaak met twee royale snufjes zout om het water eruit te laten lopen, schep de plakjes om en zet opzij.

b) Meng de gesneden ui met het citroensap in een kleine kom en laat het 20 minuten staan om te macereren. Opzij zetten.

c) Giet na 20 minuten naar dehet water af dat de kool heeft afgegeven (het is prima als er niets af te tappen is; soms is de kool niet erg waterig). Doe de kool in de kom en voeg de peterselie en de gemacereerde uien toe (maar nog niet het citroensap). Maak de sla aan met de azijn en olijfolie. Meng heel goed om te combineren.

d) Proef en pas aan, voeg indien nodig het resterende macererende citroensap en zout toe. Als je smaakpapillen zinderen van plezier, is het klaar. Serveer gekoeld of op kamertemperatuur.

e) Bewaar de overgebleven slaw maximanaar detwee dagen afgedekt in de koelkast.

2.Vietnamese komkommersalade

INGREDIËNTEN:
- 2 pond (ongeveer 8) Perzische of Japanse komkommers, gestreept geschild
- 1 grote jalapeño, indien gewenst zaden en nerven verwijderd, in dunne plakjes gesneden
- 3 lente-uitjes, fijn gesneden
- 1 teentje knoflook, fijn geraspt of gestampt met een snufje zout
- 1/2 kop grof gehakte korianderblaadjes
- 16 grote muntblaadjes, grof gehakt
- 1/2 kop geroosterde pinda's, grof gehakt
- 1/4 kopje neutranaar desmakende olie
- 4 tot 5 eetlepels limoensap
- 4 theelepels gekruide rijstwijnazijn
- 1 eetlepel vissaus
- 1 theelepel suiker
- Snufje zout

INSTRUCTIES:
a) Snijd de komkommers met een Japanse mandoline of een scherp mes in dunne plakjes en gooi de uiteinden weg.
b) Meng in een grote kom de komkommers, jalapeño, lente-uitjes, knoflook, koriander, munt en pinda's.
c) Klop in een kleine kom de olie, 4 eetlepels limoensap, de azijn, vissaus, suiker en een klein snufje zout door elkaar.
d) Maak de salade aan met de vinaigrette en meng door elkaar. Proef en breng indien nodig op smaak met zout en meer limoensap.
e) Serveer onmiddellijk.

3. Geschoren Wortelsalade Met Gember En Limoen

INGREDIËNTEN:
- 1 1/4 kopjes gouden of zwarte rozijnen
- 1 eetlepel komijnzaad
- 2 pond wortelen
- 4 theelepels fijn geraspte gember
- 1 teentje knoflook, fijn geraspt of gestampt met een snufje zout
- 1 tot 2 grote jalapeños, indien gewenst zaden en nerven verwijderd, fijngehakt
- 2 kopjes grof gehakte korianderblaadjes en zachte stengels, plus een paar takjes voor garnering
- Zout
- Limoenvinaigrette

INSTRUCTIES:
a) Dompel de rozijnen in een kleine kom in kokend water. Laat ze 15 minuten zitten om te rehydrateren en op te vullen. Giet af en zet opzij.
b) Doe het komijnzaad in een kleine, droge koekenpan en zet op middelhoog vuur. Draai de pan voortdurend rond om een gelijkmatig roosteren te garanderen. Rooster tot de eerste paar zaadjes beginnen te ploffen en een hartig aroma afgeven, ongeveer 3 minuten. Hanaar devan het vuur. Dump de zaden onmiddellijk in de kom van een vijzel of een kruidenmolen. Manaar defijn met een snufje zout. Opzij zetten.
c) Snijd en schil de wortels. Gebruik een Japanse mandoline of een scherp mes en snijd de wortels in de lengte in dunne plakjes. Gebruik een scherp mes om de plakjes in luciferstokjes te snijden. Als dat te lastig lijkt, kun je een dunschiller gebruiken om dunne linten te maken of de wortels gewoon in dunne munten snijden.
d) Combineer wortels, gember, knoflook, jalapeño, koriander, komijn en rozijnen in een grote kom. Breng op smaak met drie royale snufjes zout en maak aan met limoenvinaigrette. Proef en breng indien nodig op smaak met zout en meer limoensap. Zet de salade 30 minuten in de koelkast, zodat de smaken goed kunnen intrekken. Om te serveren, meng om de kruiden te groentelen, stapel op een grote schanaar deen garneer met een paar takjes koriander.

4. Geschoren Venkel en Radijzen

INGREDIËNTEN:
- 3 middelgrote venkelbollen (ongeveer 1 1/2 pond)
- 1 bosje radijsjes, schoongemaakt en gewassen (ongeveer 8 radijsjes)
- 1 kopje peterselieblaadjes, losjes verpakt
- Optioneel: 1 ons stuk Parmezaanse kaas
- Zout
- Vers gemalen zwarte peper
- Ongeveer 1/3 kopje citroenvinaigrette

INSTRUCTIES:
a) Maak de venkel schoon door eventuele steeltjes en het uiterste puntje van de onderkant te verwijderen, waarbij de bol intact blijft. Halveer de bollen door de wortel en verwijder eventuele vezelachtige buitenlagen.
b) Snijd de venkelknollen met een Japanse mandoline of een scherp mes kruiselings in flinterdunne plakjes en gooi de klokhuizen weg. Bewaar de weggegooide venkel voor een ander gebruik, of doe hem in Toscaanse boerenkool- en bonensoep. Snijd de radijsjes een haartje dikker, ongeveer 1/8 inch, en gooi de uiteinden weg.
c) Meng de venkel, radijsjes en peterselieblaadjes in een grote kom. Als u Parmezaanse kaas gebruikt, gebruik dan een dunschiller om de scherven rechtstreeks in de kom te schaven. Breng vlak voor het serveren op smaak met twee flinke snufjes zout en een klein snufje peper.
d) Jurk met vinaigrette. Proef en pas aan, voeg indien nodig meer zout en vinaigrette toe en schik vervolgens op een serveerschaal.
e) Serveer onmiddellijk.

5. Zomerse tomaten-kruidensalade

INGREDIËNTEN:
- 2 tot 3 gemengde erfstuktomaten, zoals Marvel Stripe, Cherokee Purple of Brandywine, zonder klokhuis en in plakjes van 1/4 inch gesneden
- Schilferig zout
- Vers gemalen zwarte peper
- 1 kopje Tomatenvinaigrette. Tip: gebruik de klokhuizen en de eindschijfjes van de slatomaatjes
- 1 pint kerstomaatjes, gespoeld, zonder steel en gehalveerd
- 2 kopjes elke combinatie van vers geplukte blaadjes basilicum, peterselie, anijs-hysop, kervel, dragon of stukjes bieslook van 2,5 cm

INSTRUCTIES:
a) Leg vlak voor het serveren de plakjes tomaat in een enkele laag op een serveerschanaar deen breng op smaak met zout en peper. Besprenkel lichtjes met vinaigrette. Meng in een aparte kom de kerstomaatjes en breng royanaar deop smaak met zout en peper. Maak het geheel af met de vinaigrette, proef en pas eventueel zout aan, en schep de kerstomaatjes voorzichtig over de plakjes tomaat.
b) Doe de verse kruiden in de slakom en breng op smaak met vinaigrette, zout en peper. Schep de kruidensalade over de tomaten en serveer onmiddellijk.

6.Tomaat, basilicum en komkommer

INGREDIËNTEN:
- 1/2 middelgrote rode ui, in dunne plakjes gesneden
- 1 eetlepel rode wijnazijn
- 4 kopjes gescheurde croutons
- Dubbele batch tomatenvinaigrette
- 1 pint kerstomaatjes, zonder steel en gehalveerd
- 1 1/2 pond Early Girl of andere smaakvolle kleine tomaten (ongeveer 8 tomaten), zonder klokhuis en in hapklare stukjes geklemd
- 4 Perzische komkommers, gestreept geschild en in plakjes van 1/2 inch gesneden
- 16 basilicumblaadjes
- Schilferig zeezout

INSTRUCTIES:
a) Meng de gesneden ui in een kleine kom met de azijn en laat deze 20 minuten staan om te macereren. Opzij zetten.

b) Doe de helft van de croutons in een grote slakom en meng met 1/2 kopje vinaigrette. Leg de kerstomaatjes en de in stukjes gesneden tomaten op de croutons en breng ze op smaak met zout, zodat ze wat van hun sappen kunnen vrijgeven. Laat ongeveer 10 minuten zitten.

c) Ga groenter met het samenstellen van de salade: voeg de resterende croutons, komkommers en gemacereerde uien toe (maar nog niet de azijn). Scheur de basilicumblaadjes in grote stukken. Dresseer met nog een half kopje vinaigrette en proef. Pas indien nodig de kruiden aan en voeg naar smaak zout, vinaigrette en/of maceratieazijn toe. Gooi, proef opnieuw en serveer.

d) Bewaar restjes afgedekt in de koelkast gedurende maximanaar deéén nacht.

7. Geroosterde pompoen, salie en hazelnoot

INGREDIËNTEN:
- 1 bos boerenkool, bij voorkeur Lacinato, Cavolo Nero of Toscaanse variant
- 1 grote pompoen (2 pond), geschild
- Extra vergine olijfolie
- 1/2 middelgrote rode ui, in dunne plakjes gesneden
- 1 eetlepel rode wijnazijn
- Dubbele batch bruine botervinaigrette
- 4 kopjes gescheurde croutons
- Ongeveer 2 kopjes neutranaar desmakende olie
- 16 salieblaadjes
- 3/4 kop hazelnoten, geroosterd en grof gehakt

INSTRUCTIES:
a) Verwarm de oven voor op 425 ° F. Bekleed een bakplaat met keukenpapier.
b) Hanaar dede boerenkool eruit. Pak de basis van elke stengel met één hand vast, knijp met de andere hand in de stengel en trek deze omhoog om het blad te strippen. Gooi de stelen weg of bewaar voor ander gebruik, zoals Toscaanse bonen- en boerenkoolsoep. Snijd de bladeren in plakjes van 1/2 inch. Opzij zetten.
c) Halveer de flespompoen, zaai ze, snijd ze in plakjes en rooster ze. Opzij zetten.
d) Doe de gesneden ui in een kleine kom met de azijn en laat het 20 minuten staan om te macereren. Opzij zetten.
e) Doe de helft van de croutons en de boerenkool in een grote slakom en meng met 1/3 kopje vinaigrette. Laat 10 minuten zitten.
f) Bak intussen de salie. Giet een centimeter neutrale olie in een kleine pan met dikke bodem en verwarm deze op een middelhoog vuur tot 360 ° F. Als je geen thermometer hebt, test dan de olie na een paar minuten door er een salieblad in te laten vallen. Als het meteen bruist, is het klaar.
g) Voeg de salieblaadjes in batches toe. Houd er rekening mee dat de olie in het begin veel znaar deborrelen, dus laat het inkoken en roer dan de salie erdoor.
h) Na ongeveer 30 seconden, zodra de belletjes zijn verdwenen, trek je ze met een schuimspaan uit de olie en groenteel je de salie op de voorbereide bakplaat. Laat de salie in een enkele laag op de voorbereide bakplaat drogen en bestrooi met zout. Het wordt knapperig als het afkoelt.
i) Voeg de resterende croutons, pompoen, hazelnoten en gemacereerde uien (maar nog niet de azijn) toe aan de slakom. Verkruimel de gebakken salie erdoor. Maak het geheel af met de overgebleven vinaigrette, roer om te combineren en proef. Breng indien nodig op smaak met zout, de salie-frituurolie en de maceratieazijn. Gooi, proef opnieuw en serveer.
j) Bewaar restjes afgedekt in de koelkast gedurende maximanaar deéén nacht.

8. Geroosterde Radijs en Roquefort

INGREDIËNTEN:
- 2 koppen Radijs
- Extra vergine olijfolie
- Zout
- 2 middelgrote gele uien, gepeld
- 4 kopjes gescheurde croutons
- Dubbele batch bruine botervinaigrette
- 1/4 kopje peterselieblaadjes, los verpakt
- 1 kop geroosterde walnoten
- Grof gemalen zwarte peper
- 4 ons Roquefort-kaas
- Rode wijnazijn, indien nodig om het zuur aan te passen

INSTRUCTIES:
a) Verwarm de oven voor op 425 ° F.
b) Halveer elke kop Radijs via het worteluiteinde. Snij elke helft in vieren. Besprenkel rijkelijk met olijfolie om te bestrijken. Ga voorzichtig met de Radijs-stukken om en spreid ze in een enkele laag uit op een bakplaat, waarbij er ruimte tussen elk stuk overblijft. Besprenkel met nog meer olijfolie en breng op smaak met zout.
c) Halveer de uien via het worteluiteinde. Snijd elke helft in vieren, zodat je in totanaar de8 stukken krijgt. Besprenkel rijkelijk met olijfolie om te bestrijken. Ga voorzichtig met de stukjes ui om en spreid ze in een enkele laag uit op een bakplaat, waarbij er ruimte tussen elk stuk overblijft. Besprenkel met nog meer olijfolie en breng op smaak met zout.
d) Plaats de bereide groenten in de voorverwarmde oven en kook tot ze gaar en gekarameliseerd zijn, ongeveer 22 minuten voor de Radijs en 28 minuten voor de uien. Controleer de groenten na ongeveer 12 minuten. Draai de pannen en wissel van positie om ervoor te zorgen dat de groenten gelijkmatig bruin worden.
e) Doe de helft van de croutons in een grote slakom en meng met 1/3 kopje vinaigrette. Laat 10 minuten zitten.
f) Voeg de resterende croutons, Radijs, uien, peterselie, walnoten en zwarte peper toe. Verkruimel de kaas er in grote stukken door. Maak het geheel af met de resterende vinaigrette en proef. Breng op smaak met zout en indien nodig een kleine hoeveelheid rode wijnazijn. Gooi, proef opnieuw en serveer op kamertemperatuur.
g) Bewaar restjes afgedekt in de koelkast gedurende maximanaar deéén nacht.

9.Asperges en Feta met Munt

INGREDIËNTEN:
- Zout
- 1/2 middelgrote rode ui, in dunne plakjes gesneden
- 1 eetlepel rode wijnazijn
- 1 1/2 pond asperges (ongeveer 2 bosjes), houtachtige uiteinden verwijderd
- 4 kopjes gescheurde croutons
- 24 grote muntblaadjes
- 3 ons fetakaas
- Dubbele batch rode wijnvinaigrette

INSTRUCTIES:
a) Zet een grote pan water op hoog vuur aan de kook. Breng het op smaak met zout tot het naar de zomerzee smaakt. Bekleed twee bakplaten met bakpapier. Opzij zetten.
b) Doe de gesneden ui in een kleine kom met de azijn en laat het 20 minuten staan om te macereren. Opzij zetten.
c) Als de asperges dikker zijn dan een potlood, schil ze dan en druk lichtjes aan met een dunschiller om alleen de buitenste schil van ongeveer 2,5 cm onder de bloesem tot aan de basis te verwijderen. Snijd de asperges schuin in stukken van 1 1/2 inch lang. Blancheer de asperges in kokend water tot ze zacht zijn, ongeveer 3 1/2 minuut (minder voor dunnere stengels).
d) Proef een stuk om de gaarheid te bepalen; het moet in het midden nog steeds een licht knapperig korstje hebben. Giet af en laat afkoelen in een enkele laag op de voorbereide bakplaten.
e) Doe de helft van de croutons in een grote slakom en meng met 1/3 kopje vinaigrette. Laat 10 minuten zitten.
f) Voeg de resterende croutons, asperges en gemacereerde uien toe (maar nog niet de azijn). Scheur de muntblaadjes in kleine stukjes. Verkruimel de feta er in grote stukken door. Dresseer met nog een 1/3 kopje vinaigrette en breng op smaak met zout, en proef.
g) Pas indien nodig de smaak aan met zout, vinaigrette en maceratieazijn. Gooi, proef opnieuw en serveer op kamertemperatuur.
h) Bewaar restjes afgedekt in de koelkast gedurende maximanaar de1 nacht.

GROENTEN

10. Gekonfijte Cherrytomaatjes

INGREDIËNTEN:
- 4 kopjes kerstomaatjes, zonder steel (ongeveer 1 1/2 droge pinten)
- Klein handje basilicumblaadjes of stengels (de stengels zitten boordevol smaak!)
- 4 teentjes knoflook, gepeld
- Zout
- 2 kopjes extra vergine olijfolie

INSTRUCTIES:
a) Verwarm de oven voor op 300 ° F.
b) Leg de kerstomaatjes in een enkele laag in een ondiepe braadslede, op een bedje van basilicumblaadjes en/of stengels en knoflookteentjes. Bestrijk met ongeveer 2 kopjes olijfolie. Hoewel de tomaten niet volledig onder water hoeven te staan, moeten ze allemanaar dein contact zijn met de olie. Breng ze rijkelijk op smaak met zout, roer ze even door en zet ze vervolgens ongeveer 35 tot 40 minuten in de oven. Het gerecht mag nooit koken; hooguit sudderen is prima.
c) Je weet dat ze gaar zijn als ze helemanaar degaar zijn als je er met een spies in prikt en de eerste velletjes beginnen te barsten. Hanaar deze uit de oven en laat ze een beetje afkoelen. Gooi de basilicum weg voordat je hem gebruikt.
d) Serveer warm of op kamertemperatuur. Bewaar tomaten in de olie gedurende maximanaar de5 dagen in de koelkast.

11. Erwten met pepers en munt

INGREDIËNTEN:
- Ongeveer 2 eetlepels extra vergine olijfolie
- 1 1/2 pond sugar snaps, bijgesneden
- Zout
- 12 muntblaadjes, julienne gesneden
- Fijn geraspte schil van 1 kleine citroen (ongeveer 1 theelepel)
- 1/2 theelepel rode chilivlokken

INSTRUCTIES:
a) Zet een grote koekenpan op hoog vuur. Als het lekker warm is, voeg je net genoeg olijfolie toe zodat de bodem van de pan nauwelijks bedekt is.
b) Voeg als de olie glinstert de doperwten toe en breng op smaak met zout.
c) Kook op hoog vuur en bak de erwten terwijl ze bruin beginnen te worden, tot ze zoet maar nog steeds knapperig zijn, ongeveer 5 tot 6 minuten.
d) Hanaar dede pan van het vuur en roer de munt, citroenschil en chilivlokken erdoor.
e) Proef en pas het zout aan indien nodig. Serveer onmiddellijk.

12. Knoflookachtige groene bonen

INGREDIËNTEN:
- 2 pond verse sperziebonen, gele wasbonen, Romano-bonen of haricots verts, bijgesneden
- Zout
- 2 eetlepels extra vergine olijfolie
- 3 teentjes knoflook, fijngehakt

INSTRUCTIES:
a) Zet je grootste koekenpan op middelhoog vuur en breng een half kopje water aan de kook.
b) Voeg de sperziebonen toe, breng op smaak met een paar flinke snufjes zout en dek af. Verwijder elke minuut de deksel om de bonen te roeren.
c) Als ze bijna helemanaar degaar zijn, ongeveer 4 minuten voor haricots verts en 7 tot 10 minuten voor meer rijpe bonen, giet je het resterende water uit de pan en gebruik je het deksel om de bonen erin te houden. Zet de pan terug op het fornuis, zet het vuur hoog en graaf een klein gaatje in het midden van de pan. Giet de olijfolie in het gat en voeg de knoflook toe.
d) Laat de knoflook ongeveer 30 seconden zachtjes sissen, totdat er een aroma vrijkomt, en gooi hem onmiddellijk door de bonen voordat hij de kans krijgt om enige kleur aan te nemen. Hanaar devan het vuur. Proef, pas de smaak aan en serveer onmiddellijk.

13. Pompoen en spruitjes in Bitterzoet

INGREDIËNTEN:
- 1 grote pompoen (2 pond), geschild, in de lengte gehalveerd, zaden weggegooid
- Extra vergine olijfolie
- Zout
- 1 pond spruitjes, bijgesneden, buitenste bladeren verwijderd
- 1/2 rode ui, in dunne plakjes gesneden
- 6 eetlepels rode wijnazijn
- 1 eetlepel suiker
- 3/4 theelepel rode chilivlokken
- 1 teentje knoflook, fijn geraspt of gestampt met een snufje zout
- 16 verse muntblaadjes

INSTRUCTIES:
a) Verwarm de oven voor op 425 ° F.
b) Snijd elke helft van de pompoen kruislings in 1/2-inch dikke halve manen en doe ze in een grote kom. Meng met voldoende olijfolie om te bedekken, ongeveer 3 eetlepels. Breng op smaak met zout en leg het in een enkele laag op een bakplaat.
c) Halveer de spruitjes door de stengels, doe ze in dezelfde grote kom en voeg indien nodig meer olijfolie toe om ze te bedekken. Breng op smaak met zout en leg het in een enkele laag op een tweede bakplaat.
d) Plaats de pompoen en spruitjes in de voorverwarmde oven en kook tot ze gaar en gekarameliseerd zijn, ongeveer 26 tot 30 minuten. Controleer de groenten na ongeveer 12 minuten. Draai de pannen en wissel van positie om een gelijkmatige bruining te garanderen.
e) Meng ondertussen de gesneden ui en azijn in een kleine kom en laat 20 minuten staan om te macereren. Roer in een andere kleine kom nog eens 6 eetlepels extra vergine olijfolie, suiker, chilivlokken en knoflook en een snufje zout door elkaar.
f) Als de geroosterde groenten aan de buitenkant bruin zijn en helemanaar degaar als je er met een mes in prikt, hanaar deze dan uit de oven. De spruiten zijn mogelijk iets sneller gaar dan de pompoen. Combineer de groenten in een grote kom. Roer de gemacereerde uien en de azijn door het olijfoliemengsel en giet de helft van de marinade over de groenten. Meng om te combineren, proef en voeg indien nodig meer zout en marinade toe. Garneer met gescheurde muntblaadjes en serveer warm of op kamertemperatuur.

14.Pittige Broccoli Rabe met Ricotta Salata

INGREDIËNTEN:
- 2 bosjes (ongeveer 2 pond) broccoli rabe, gespoeld
- Extra vergine olijfolie
- 1 middelgrote gele ui, in dunne plakjes gesneden
- Zout
- Grote snuf rode pepervlokken
- 3 teentjes knoflook, in plakjes gesneden
- 1 citroen
- 2 ons ricotta salata-kaas, grof geraspt

INSTRUCTIES:
a) Snijd de houtachtige uiteinden van de broccoli rabe af en gooi deze weg. Snijd de stengels in stukken van 1/2 inch en de bladeren in stukken van 1 inch.
b) Zet een grote Nederlandse oven of soortgelijke pan op middelhoog vuur. Als het warm is, voeg je 2 eetlepels olijfolie toe om de bodem van de pan te bedekken. Als de olie glinstert, voeg je de ui en een snufje zout toe. Kook, af en toe roerend, tot de ui zacht is en bruin begint te worden, ongeveer 15 minuten.
c) Verhoog het vuur tot middelhoog, voeg nog een eetlepel olie en de broccoli rabe toe aan de pan en roer om te combineren. Breng op smaak met zout en rode pepervlokken. Het kan zijn dat je de broccolirabe moet ophopen om hem passend te maken, of moet wachten tot een deel is ingekookt voordat je de rest toevoegt. Dek de pan af en kook, af en toe roerend, tot de broccoli zacht uit elkaar valt, ongeveer 20 minuten.
d) Verwijder het deksel en zet het vuur hoog. Laat de broccoli bruin worden en gebruik een houten lepel om hem door de pan te bewegen. Ga door met koken totdat bijbroccoli gelijkmatig bruin is geworden, ongeveer 10 minuten, en verplaats alles dan naar de buitenranden van de pan. Voeg een eetlepel olijfolie toe in het midden, voeg vervolgens de knoflook toe aan de olie en laat deze ongeveer 20 seconden zachtjes sissen, totdat er een aroma vrijkomt. Voordat de knoflook bruin begint te worden, roer je hem door de broccoli. Proef en pas indien nodig de zout- en rode pepervlokken aan. Hanaar devan het vuur en pers het sap van een halve citroen over de broccoli.
e) Roer, proef en voeg indien nodig meer citroensap toe. Schep op een serveerschanaar deen besprenkel met grof geraspte ricottasalata. Serveer onmiddellijk.

15. Gegrilde artisjokken

INGREDIËNTEN:
- 6 artisjokken (of 18 babyartisjokken)
- Extra vergine olijfolie
- 1 eetlepel rode wijnazijn
- Zout

INSTRUCTIES:
a) Zet een grote pan water op hoog vuur aan de kook. Maak een houtskoolvuur of verwarm een gasgrill voor. Bekleed een bakplaat met bakpapier.
b) Verwijder de harde, donkere buitenste bladeren van de artisjokken totdat de overige bladeren halfgeel, half lichtgroen zijn. Snij het houtste deel van het stengeluiteinde en de bovenste 1 1/2 inch van elke artisjok weg. Als er paarse binnenbladeren zijn, knip deze dan ook uit. Mogelijk moet u meer verwijderen om naar dehet vezelige materianaar deweg te snijden. Het lijkt misschien alsof je veel aan het trimmen bent, maar verwijder meer dan je denkt dat je zou moeten doen, want het laatste wat je wilt is aan tafel in een vezelige of bittere hap bijten. Gebruik een scherp schilmesje of een dunschiller om de harde buitenste schil van de stengel en aan de basis van het hart te verwijderen, totdat je de lichtgele binnenste lagen bereikt. Terwijl je ze schoonmaakt, doe je de artisjokken in een kom water met de azijn, zodat ze niet gaan oxideren, waardoor ze bruin worden.
c) Snijd de artisjokken doormidden. Gebruik een theelepel om voorzichtig de choke of het pluizige midden eruit te scheppen en doe de artisjokken dan terug in het aangezuurde water.
d) Zodra het water kookt, breng je het rijkelijk op smaak tot het zo zout is als de zee. Doe de artisjokken in het water en zet het vuur lager, zodat het water snel blijft koken. Kook de artisjokken tot ze net gaar zijn als je er met een scherp mes in prikt, ongeveer 5 minuten voor babyartisjokken en 14 minuten voor grote artisjokken. Gebruik een spin of zeef om ze voorzichtig uit het water te halen en plaats ze in een enkele laag op de voorbereide bakplaat.

e) Besprenkel de artisjokken lichtjes met olijfolie en breng op smaak met zout. Leg de artisjokken met de snijkant naar beneden op de grill op middelhoog vuur. Verplaats ze niet totdat ze bruin beginnen te worden en draai de spiesen vervolgens totdat de gesneden kant gelijkmatig bruin is, ongeveer 3 tot 4 minuten per kant. Draai om en bak de andere kant op dezelfde manier bruin.
f) Hanaar dehet van de grill en besprenkel indien gewenst met muntsaus groente, of serveer met aïoli of honing-mosterdvinaigrette. Serveer warm of op kamertemperatuur.

VOORRAAD EN SOEPEN

16. Kippenbouillon

INGREDIËNTEN:
- 7 pond kippenbotten (minstens de helft moet rauw zijn)
- 7 liter water
- 2 uien, ongeschild, in vieren
- 2 wortels, geschild en kruiselings gehalveerd
- 2 stengels bleekselderij, kruiselings gehalveerd
- 1 theelepel zwarte peperkorrels
- 2 laurierblaadjes
- 4 takjes tijm
- 5 takjes peterselie of 10 stengels
- 1 theelepel witte wijnazijn

INSTRUCTIES:

a) Doe alles behalve de azijn in een grote soeppan. Breng de bouillon op hoog vuur aan de kook en zet het vuur laag. Schuim eventueel schuim af dat naar de oppervlakte stijgt. Voeg nu de azijn toe, die znaar dehelpen voedingsstoffen en mineralen uit de botten in de bouillon te trekken.

b) Laat 6 tot 8 uur onafgedekt sudderen. Houd het in de gaten om er zeker van te zijn dat het aan de kook blijft. Als de bouillon kookt, zullen de belletjes het vet recirculeren dat naar de top van de bouillon stijgt. Door de aanhoudende hitte en het roeren znaar dede bouillon emulgeren. Dit is een van de keren dat je niet op zoek bent naar een emulsie, want de geëmulgeerde bouillon ziet er niet alleen troebel uit, maar smaakt ook troebel en blijft op een onaangename manier aan de tong plakken. Een van de beste dingen van goede bouillon is dat de smaak weliswaar rijk is, maar ook schoon.

c) Giet door een fijnmazige zeef en laat afkoelen. Schraap het vet dat naar boven stijgt af en bewaar het in de koelkast of vriezer voor Kipconfit.

d) Bewaar maximanaar de5 dagen in de koelkast of maximanaar de3 maanden in de vriezer.

17. Stracciatella Romeinse eierdruppelsoep

INGREDIËNTEN:
- 9 kopjes kippenbouillon
- Zout
- 6 grote eieren
- Vers gemalen zwarte peper
- 3/4-ounce stuk Parmezaanse kaas, fijn geraspt (ongeveer 3/4 kop), plus meer voor serveren
- 1 eetlepel fijngehakte peterselie

INSTRUCTIES:

a) Breng de bouillon aan de kook in een middelgrote pan en breng op smaak met zout. Klop in een maatbeker met tuit (je kunt ook een middelgrote kom gebruiken) de eieren, een flinke snuf zout, peper, Parmezaanse kaas en peterselie door elkaar.

b) Giet het eimengsel in een dun straaltje bij de kokende bouillon en roer de soep voorzichtig met een vork. Vermijd te veel mixen, waardoor de eieren in kleine, onsmakelijke stukjes uiteenvallen, in plaats van in de stracci, of vodden, waarnaar de soep is vernoemd. Laat het eimengsel ongeveer 30 seconden koken en schep de soep vervolgens in kommen. Garneer met nog meer Parmezaanse kaas en serveer onmiddellijk.

c) Bedek de restjes en bewaar ze maximanaar de3 dagen in de koelkast. Om op te warmen, breng je de soep zachtjes aan de kook.

18. Toscaanse bonen- en boerenkoolsoep

INGREDIËNTEN:
- Extra vergine olijfolie
- Optioneel: 2 ons pancetta of spek, in blokjes gesneden
- 1 middelgrote gele ui, in blokjes gesneden (ongeveer 1 1/2 kopjes)
- 2 stengels bleekselderij, in blokjes gesneden (ongeveer 2/3 kop)
- 3 middelgrote wortels, geschild en in blokjes gesneden (1 kopje)
- 2 laurierblaadjes
- Zout
- Vers gemalen zwarte peper
- 2 teentjes knoflook, in dunne plakjes gesneden
- 2 kopjes gemalen ingeblikte of verse tomaten in hun sap
- 3 kopjes gekookte bonen, zoals cannellini, corona of cranberry, kookvocht gereserveerd
- 1 ounce vers geraspte Parmezaanse kaas (ongeveer 1/3 kop), korst gereserveerd
- 3 tot 4 kopjes kippenbouillon of water
- 2 bosjes boerenkool, in dunne plakjes gesneden (ongeveer 6 kopjes gesneden)
- 1/2 kleine kop groene of savooiekool, kern verwijderd en in dunne plakjes gesneden (ongeveer 3 kopjes gesneden)

INSTRUCTIES:

a) Zet een grote Nederlandse oven of soeppan op middelhoog vuur en voeg 1 eetlepel olijfolie toe. Wanneer de olie glinstert, voeg je de pancetta toe, indien gebruikt, en kook je naar deroerend gedurende 1 minuut, tot deze net bruin begint te worden.

b) Voeg de ui, selderij, wortels en laurierblaadjes toe. Kruid rijkelijk met peper en zout. Zet het vuur middelhoog en kook, onder af en toe roeren, tot de groenten zacht zijn en net bruin beginnen te worden, ongeveer 15 minuten. Graaf een klein gaatje in het midden van de pot en voeg nog een eetlepel olijfolie toe. Voeg de knoflook toe en laat zachtjes sissen tot er een aroma vrijkomt, ongeveer 30 seconden. Voeg de tomaten toe voordat de knoflook de kans krijgt bruin te worden. Roer, proef en voeg indien nodig zout toe.

c) Laat de tomaten ongeveer 8 minuten sudderen tot ze een jamachtige consistentie hebben. Voeg dan de bonen en het kookvocht toe, de helft van de geraspte Parmezaanse kaas en de schil ervan, en voldoende bouillon of water om onder te staan. Voeg twee flinke scheuten olijfolie toe , ongeveer 1/4 kop. Breng de soep, af en toe roerend, weer aan de kook. Voeg de boerenkool en de kool toe en breng opnieuw aan de kook, voeg indien nodig meer bouillon of water toe om het geheel onder water te zetten.

d) Kook tot de smaken samen zijn gekomen en de greens zacht zijn, nog ongeveer 20 minuten. Proef en pas aan voor zout.

e) Verwijder de schil van de Parmezaanse kaas en de laurierblaadjes.

f) Serveer met een scheutje van de beste olijfolie die je bij de hand hebt, en geraspte Parmezaanse kaas.

g) Bewaar afgedekt in de koelkast maximanaar de5 dagen. Bovendien is deze soep uitzonderlijk goed in te vriezen, tot wel 2 maanden lang. Breng de soep vóór gebruik aan de kook.

19. Zijdeachtige zoete maïssoep

INGREDIËNTEN:
- 8 tot 10 korenaren, schillen, stengels en zijde verwijderd
- 8 eetlepels (4 ons) boter
- 2 middelgrote gele uien, in plakjes gesneden
- Zout

INSTRUCTIES:
a) Vouw een theedoek in vieren en plaats deze in een grote, brede metalen kom. Gebruik één hand om een korenaar rechtop op de theedoek op zijn plaats te houden; het helpt om de oor aan de bovenkant dicht te knijpen. Gebruik met je andere hand een gekarteld mes of een scherp koksmes om twee of drie rijen korrels tegelijk af te snijden door het mes langs de kolf te laten glijden. Ga zo dicht mogelijk bij de kolf staan en weersta de verleiding om meer rijen tegelijk af te snijden; dan blijft er veel kostbaar maïs achter. Bewaar de kolven.

b) Maak in een soeppan snel een maïskolfbouillon: bedek de kolven met 9 kopjes water en breng aan de kook. Zet het vuur laag en laat 10 minuten sudderen, verwijder dan de kolven. Zet de voorraad opzij.

c) Zet de pot terug op het fornuis en verwarm op middelhoog vuur. Voeg de boter toe. Zodra het gesmolten is, voeg je de uien toe en zet je het vuur middelhoog. Kook, af en toe roerend, tot de uien volledig zacht en doorschijnend of blond zijn, ongeveer 20 minuten. Als u merkt dat de uien bruin beginnen te worden, voeg dan een scheutje water toe en houd de boel in de gaten, terwijl u regelmatig roert om groentere bruining te voorkomen.

d) Zodra de uien gaar zijn, voeg je de maïs toe. Verhoog het vuur tot hoog en bak totdat de maïs een helderdere gele tint krijgt, 3 tot 4 minuten. Voeg net genoeg bouillon toe om alles te bedekken en zet het vuur hoog. Bewaar de rest van de bouillon voor het gevnaar deje de soep later moet verdunnen. Breng op smaak met zout, proef en pas aan. Breng aan de kook en laat vervolgens 15 minuten sudderen.

e) Als je een staafmixer hebt, gebruik deze dan om de soep voorzichtig te mixen tot hij gepureerd is. Als je er geen hebt, werk dan voorzichtig en snel om het in batches in een blender of keukenmachine te pureren. Voor een zeer zijdezachte textuur zeef je de soep nog een laatste keer door een fijnmazige zeef.

f) Proef de soep op zout, zoetheid en zuurbalans. Als de soep heel zoet is, kan een klein beetje witte wijnazijn of limoensap helpen om de soep in evenwicht te brengen.

g) Om te serveren, schep je de gekoelde soep in kommen en schep je er saus overheen om te garneren, of breng je de soep snel aan de kook en serveer je hem warm met een zure garnering, zoals Mexicaans-achtige kruidensaus of Indiase kokos-korianderchutney.

BONEN, KORRELS EN DEEGWAREN

20.Perzische rijst

INGREDIËNTEN:
- 2 kopjes basmatirijst
- Zout
- 3 eetlepels yoghurt
- 3 eetlepels boter
- 3 eetlepels neutranaar desmakende olie

INSTRUCTIES:
a) Vul een grote soeppan met 4 liter water en breng het op hoog vuur aan de kook.
b) Doe ondertussen de rijst in een kom en spoel af met koud water, terwijl je krachtig met je vingers ronddraait en het water minstens vijf keer ververst, totdat het zetmeel is weggelopen en het water helder is. Giet de rijst af.
c) Zodra het water kookt, zout je het flink. De precieze hoeveelheid hangt af van het soort zout dat je gebruikt, maar het is ongeveer 6 eetlepels fijn zeezout of een royanaar de1/2 kopje koosjer zout. Het water zou zouter moeten smaken dan het zoutste zeewater dat je ooit hebt geproefd. Dit is je grote kans om de rijst van binnenuit gekruid te krijgen, en hij znaar demaar een paar minuten in het gezouten water doorbrengen, dus raak niet in paniek als je je eten te zout maakt. Voeg de rijst toe en roer.
d) Zet een fijnmazige zeef of vergiet in de gootsteen. Kook de rijst, af en toe roerend, tot hij naar dedente is, ongeveer 6 tot 8 minuten. Giet af in de zeef en begin onmiddellijk met koud water te spoelen om te voorkomen dat de rijst groenter kookt. Droogleggen.
e) Verwijder 1 kopje rijst en combineer dit met de yoghurt.
f) Zet een grote, zeer goed gekruide gietijzeren koekenpan van 25 cm of een koekenpan met anti-aanbaklaag op middelhoog vuur en voeg vervolgens de olie en boter toe. Wanneer de boter smelt, doe je het yoghurt-rijstmengsel in de pan en strijk het glad. Stapel de resterende rijst in de pan en duw hem voorzichtig naar het midden. Graaf met het handvat van een houten lepel voorzichtig vijf of zes gaten in de rijst tot aan de bodem van de pot, die zachtjes gaat sissen. Door de gaten kan stoom uit de onderste rijstlaag ontsnappen, zodat zich een knapperige korst kan vormen.

Er moet voldoende olie in de pan zitten, zodat je het langs de zijkanten kunt zien borrelen. Voeg indien nodig een beetje meer olie toe om deze belletjes te zien.

g) Ga door met het koken van de rijst op middelhoog vuur en draai de pan elke 3 of 4 minuten een kwartslag om een gelijkmatige bruining te garanderen, totdat je een gouden korst begint te zien beginnen te vormen aan de zijkanten van de pan, ongeveer 15 tot 20 minuten. Zodra je ziet dat de korst van bleek amberkleurig naar goud verandert, zet je het vuur laag en kook je nog eens 15 tot 20 minuten. De randen van de korst moeten goudbruin zijn en de rijst moet volledig gaar zijn.

h) Om de rijst uit de vorm te halen, beweegt u voorzichtig een spatel langs de randen van de pan om ervoor te zorgen dat geen enkel deel van de korst blijft plakken. Giet overtollig vet op de bodem van de pan in een kom, verzamel naar deje moed en draai het voorzichtig op een schanaar deof snijplank. Het moet eruit zien als een mooie cake van donzige rijst met een gouden korst.

i) En als je rijst om de een of andere reden er niet in één stuk uit glijdt, doe dan wat elke Perzische grootmoeder sinds het begin der tijden heeft gedaan: de rijst eruit scheppen, de tahdig in stukjes snijden met een lepel of een metalen spatel, en doen alsof je was van plan het op deze manier te doen. Niemand znaar dewijzer zijn.

j) Serveer onmiddellijk met langzaam geroosterde zalm, Kufte Kebabs, Perzische gebraden kip of Kuku Sabzi.

21.Pasta Cacio en Pepe

INGREDIËNTEN:
- Zout
- 1 pond spaghetti, bucatini of tonnarelli pasta
- Extra vergine olijfolie
- 1 eetlepel zeer grof gemalen zwarte peper
- 4 ons pecorino Romano, zeer fijn geraspt (ongeveer 2 kopjes)

INSTRUCTIES:

a) Zet een grote pan water op hoog vuur en breng aan de kook. Breng royanaar deop smaak met zout tot het naar de zomerzee smaakt. Voeg de pasta toe en kook, onder af en toe roeren, naar dedente. Bewaar 2 kopjes kookwater terwijl je de pasta afgiet.

b) Verhit intussen een grote pan op middelhoog vuur en voeg voldoende olijfolie toe zodat de bodem net bedekt is. Als het glinstert, voeg je de peper toe en kook tot het geurig is, ongeveer 20 seconden. Voeg 3/4 kopje van het kookwater van de pasta toe aan de pan en laat het koken; dit znaar dede vorming van een emulsie bevorderen.

c) Voeg de uitgelekte pasta toe aan de hete pan, schep om zodat de noedels bedekt zijn en strooi er op een handvol na alles kaas over. Gebruik een tang om de pasta krachtig door elkaar te schudden en voeg indien nodig meer pastawater toe om een romige saus te creëren die aan de pasta blijft plakken zonder te klonteren. Proef en pas het zout aan indien nodig. Garneer met de overgebleven kaas en grofgemalen peper en serveer onmiddellijk.

22. Pasta bij de Pomarola

INGREDIËNTEN:
- Extra vergine olijfolie
- 2 middelgrote rode of gele uien, in dunne plakjes gesneden
- Zout
- 4 teentjes knoflook
- 4 pond verse, rijpe tomaten, zonder steel, of twee (28-ounce) blikjes hele San Marzano- of Roma-tomaten in hun sap
- 16 verse basilicumblaadjes of 1 eetlepel gedroogde oregano
- 3/4 pond spaghetti, bucatini, penne of rigatoni
- Parmezaanse kaas, pecorino Romano of ricotta salata voor serveren

INSTRUCTIES:

a) Zet een grote, niet-reactieve pan met een zware bodem op middelhoog vuur. Als de pan heet is, voeg je net genoeg olijfolie toe om de bodem te bedekken. Als de olie glinstert, voeg je de uien toe.

b) Breng op smaak met zout en zet het vuur middelhoog. Roer af en toe om aanbranden te voorkomen. Kook tot de uien zacht en doorschijnend of blond zijn, ongeveer 15 minuten. Een beetje bruin worden is prima, maar laat de uien niet verbranden. Als de uien te snel bruin beginnen te worden, zet dan het vuur laag en voeg een scheutje water toe.

c) Terwijl de uien koken, snijdt u de knoflook in plakjes en snijdt u de tomaten in vieren, als u verse gebruikt. Als u blikjes gebruikt, giet ze dan in een grote, diepe kom en plet ze met uw handen. Wervel ongeveer 1/4 kopje water in één blik, giet het dan in het tweede blik en roer, en voeg het dan toe aan de tomaten. Opzij zetten.

d) Zodra de uien zacht zijn, duw je ze naar de buitenranden van de pot en doe je een lepel olie in het midden. Voeg de knoflook toe aan de olie. Laat de knoflook zachtjes sissen tot hij een aroma begint af te geven, ongeveer 20 seconden, en voordat hij bruin begint te worden, voeg je de tomaten toe. Als u verse tomaten gebruikt, gebruik dan een houten lepel om ze een beetje kapot te slaan en zorg ervoor dat het sap eruit komt. Breng de saus aan de kook en laat het vervolgens zachtjes koken. Breng op smaak met zout en scheur de basilicumblaadjes erdoor of voeg oregano toe, indien gebruikt.

e) Kook op laag vuur en roer de saus vaak met een houten lepel. Schraap de bodem van de pot schoon, zodat er niets aan blijft plakken. Als de saus begint te plakken en verschroeien, doe dan precies het tegenovergestelde. Niet roeren! Dat mengt gewoon de verbrande smaak met de rest van de onaangetaste saus. Breng de saus in plaats daarvan onmiddellijk over in een nieuwe pot, zonder de bodem te schrapen, en laat de verschroeide pot in de gootsteen weken. Wees extra voorzichtig om te voorkomen dat de nieuwe pot opnieuw verbrandt.

f) Zet een grote pan met water op hoog vuur aan de kook. Dek af met een deksel om te veel verdamping te voorkomen.
g) De saus is gaar als de smaak verandert van rauw naar gekookt, ongeveer 25 minuten. Als je je lepel in de saus doopt, zul je minder denken aan de tuin of de boerenmarkt en meer aan een geruststellend bord pasta. Als je tomaten uit blik gebruikt, is de verschuiving subtieler: wacht op het moment waarop de tomaten hun blikkerige smaak uit het blik verliezen, wat dichter bij 40 minuten kan duren. Als de tomaten gaar zijn, breng je de saus snel aan de kook en roer je 3/4 kopje olijfolie erdoor. Laat het een paar minuten samen sudderen; de pomarola znaar detijdens het emulgeren veranderen in een rijke saus. Hanaar dehet van het vuur.
h) Pureer de saus met een staafmixer, blender of voedselmolen, proef en breng op smaak. Bewaar afgedekt in de koelkast gedurende maximanaar deeen week, of vries maximanaar de3 maanden in. Voor houdbare pomarola plaatst u potten gevuld met saus gedurende 20 minuten in een waterbad en gebruikt u deze binnen een jaar.
i) Om 4 personen te serveren, breng je de pan met water op smaak met zout totdat het naar de zomerzee smaakt. Voeg de pasta toe, roer even en kook tot hij net beetgaar is. Terwijl de pasta kookt, breng je 2 kopjes pomarolasaus aan de kook in een grote sauteerpan. Giet de pasta af en bewaar 1 kopje pastawater.
j) Voeg de pasta toe aan de saus en meng, eventueel verdunnend met pastawater en olijfolie. Proef en pas het zout aan indien nodig. Serveer onmiddellijk, met Parmezaanse kaas, pecorino Romano of ricotta salata-kaas.

23. Pasta Met Broccoli En Broodkruimels

INGREDIËNTEN:
- Zout
- 2 pond broccoli, roosjes en geschilde stengels
- Extra vergine olijfolie
- 1 grote gele ui, fijngesneden
- 1 tot 2 theelepels rode pepervlokken
- 3 teentjes knoflook, fijngehakt
- 1 pond orecchiette, penne, linguine, bucatini of spaghetti
- 1/2 kopje strooikruimels
- Vers geraspte Parmezaanse kaas, voor serveren

INSTRUCTIES:
a) Zet een grote pan met water op hoog vuur. Als het kookt, kruid het dan rijkelijk met zout tot het naar de zomerzee smaakt.
b) Snijd de broccoliroosjes in stukjes van 1/2 inch en de stengels in plakjes van 1/4 inch.
c) Zet een grote Nederlandse oven of soortgelijke pan op middelhoog vuur. Zodra het warm is, voeg je net genoeg olijfolie toe om de bodem van de pan te bedekken. Voeg als de olie glinstert de uien, een flinke snuf zout en 1 theelepel pepervlokken toe. Zodra de uien bruin beginnen te worden, roer ze om en zet het vuur laag. Kook de uien, af en toe roerend, tot ze zacht en goudbruin zijn, ongeveer 15 minuten. Verplaats de uien naar de rand van de pot en maak een plekje in het midden vrij. Voeg ongeveer een eetlepel olijfolie toe en vervolgens de knoflook. Kook zachtjes tot de knoflook een aroma begint af te geven, ongeveer 20 seconden. Voordat de knoflook enige kleur begint aan te nemen, roer je hem door de uien en zet je het vuur laag om te voorkomen dat de knoflook bruin wordt.
d) Doe de broccoli in het kokende water en kook tot ze gaar zijn, ongeveer 4 tot 5 minuten. Hanaar dede stukken uit de pot met een spin of een schuimspaan en voeg ze direct toe aan de pan met uien. Dek de pan met water af om verdamping te voorkomen en laat het koken op het fornuis om de pasta te koken. Verhoog het vuur tot medium en blijf koken, af en toe roerend, tot de broccoli begint af te breken en samen met de uien en olijfolie een saus

vormt, ongeveer 20 minuten. Als het mengsel er droog uitziet in plaats van pittig, voeg dan een lepel of twee van het kookwater toe om het te bevochtigen.

e) Voeg de pasta toe aan het water en roer even door. Terwijl het kookt, blijf koken en roer de broccoli. De sleutel is om ervoor te zorgen dat er voldoende water in de pan zit, zodat de broccoli, olie en water emulgeren en pittig en zoet worden. Blijf koken en roeren en voeg indien nodig water toe.

f) Als de pasta naar dedente is, giet je hem af en bewaar je twee kopjes kookwater. Doe de hete noedels in de pan met de broccoli en roer. Voeg nog een laatste scheutje olijfolie en het zoute pastawater toe om ervoor te zorgen dat de noedels allemanaar degoed bedekt, vochtig en gekruid zijn. Proef en pas indien nodig de zout- en pepervlokken aan.

g) Serveer onmiddellijk, gegarneerd met broodkruimels en royale hoeveelheden besneeuwde geraspte Parmezaanse kaas.

24. Pasta naar de Ragù

INGREDIËNTEN:
- Extra vergine olijfolie
- 1 pond grof gemalen rundergehakt
- 1 pond grofgemalen varkensschouder
- 2 middelgrote gele uien, fijngehakt
- 1 grote wortel, fijngehakt
- 2 grote stengels bleekselderij, fijngehakt
- 1 1/2 kopjes droge rode wijn
- 2 kopjes kippen- of runderbouillon of water
- 2 kopjes volle melk
- 2 laurierblaadjes
- 1 reepje citroenschil van 1 inch bij 3 inch
- 1 reepje sinaasappelschil van 1 inch bij 3 inch
- 1/2-inch stuk kaneelstokje
- 5 eetlepels tomatenpuree
- Optioneel: Parmezaanse kaasschil
- Hele nootmuskaat
- Zout
- Vers gemalen zwarte peper
- 1 pond tagliatelle, penne of rigatoni
- 4 eetlepels boter
- Vers geraspte Parmezaanse kaas, voor serveren

INSTRUCTIES:

a) Zet een grote braadpan of soortgelijke pan op hoog vuur en voeg voldoende olijfolie toe om de bodem te bedekken. Verkruimel het rundvlees in de pan in stukjes ter grootte van een walnoot. Kook, roer en breek het vlees met een schuimspaan tot het sist en goudbruin wordt, 6 tot 7 minuten. Kruid het vlees nog niet; zout onttrekt water en vertraagt het bruin worden. Gebruik de schuimspaan om het vlees in een grote kom over te brengen en laat het gesmolten vet in de pan. Bak het varkensvlees op dezelfde manier bruin.

b) Voeg de uien, wortels en selderij (de soffritto) toe aan dezelfde pan en kook op middelhoog vuur. De hoeveelheid vet moet voldoende zijn om de soffritto bijna te bedekken, dus voeg indien nodig meer olijfolie toe, minstens nog eens 3/4 kop. Kook, onder regelmatig roeren, tot de groenten gaar zijn en de soffritto diepbruin is, 25 tot 30 minuten. (Je kunt de soffritto een dag of twee van tevoren in olijfolie koken, als je wilt, om de tijdrovende stappen in het recept te onderbreken. Soffritto is ook goed in te vriezen tot wel 2 maanden!)

c) Doe het vlees terug in de pan, zet het vuur hoog en voeg de wijn toe. Schraap met een houten lepel de bodem van de pan schoon, zodat eventuele gebruinde stukjes in de saus terechtkomen. Voeg bouillon of water, melk, laurierblaadjes, schillen, kaneel, tomatenpuree en Parmezaanse kaasschil toe, indien gebruikt. Voeg 10 ritsen verse nootmuskaat toe door deze te raspen op een nootmuskaatmolen of een andere fijne rasp. Breng op smaak met zout en versgemalen peper. Breng aan de kook en laat het vervolgens koken.

d) Laat de saus groenter koken, af en toe roeren. Zodra de melk is afgebroken en de saus er smakelijk uit begint te zien, begint u na 30 tot 40 minuten het mengsel te proeven en het zout, het zuur, de zoetheid, de rijkdom en de body aan te passen. Als er wat zuur nodig is, voeg dan een geheim scheutje wijn toe. Als het flauw lijkt, voeg dan tomatenpuree toe om het tot leven te brengen en het zoetheid te geven. Als het rijker moet zijn, voeg dan een beetje melk toe. Als de ragù dun lijkt, voeg dan een flinke scheut bouillon toe. Het znaar deverminderen terwijl het suddert, waardoor de gelatine achterblijft om de saus dikker te maken.

e) Laat het op een zo laag mogelijk vuur sudderen, waarbij u af en toe het vet afschept en vaak roert, tot het vlees zacht is en de smaken zijn versmolten, ongeveer 1 1/2 tot 2 uur. Als je zeker weet dat de ragù klaar is, gebruik dan een lepel of pollepel om het vet dat naar de oppervlakte is gestegen af te scheppen en verwijder de Parmezaanse kaasschillen, laurierblaadjes, citrusschillen en kaneel. Proef en pas opnieuw het zout en de peper aan.

f) Meng voor 4 porties 2 kopjes hete ragù met 1 pond naar dedente gekookte pasta en 4 eetlepels boter. Serveer met voldoende vers geraspte Parmezaanse kaas.

g) Dek de resterende ragù af en bewaar deze maximanaar de1 week in de koelkast, of maximanaar de3 maanden in de vriezer. Breng het opnieuw aan de kook voordat u het gebruikt.

25.Pasta bijMosselen Pasta met mosselen

INGREDIËNTEN:
- Zout
- Extra vergine olijfolie
- 1 middelgrote gele ui, fijngesneden, worteluiteinden bewaard
- 2 of 3 takjes peterselie, plus 1/4 kop fijngehakte bladeren
- 2 pond kleine kokkels, goed geschrobd
- 1 kopje droge witte wijn
- 2 teentjes knoflook, fijngehakt
- Ongeveer 1 theelepel rode pepervlokken
- 1 pond linguine of spaghetti
- 2 pond Manilla- of kersenpitschelpen, goed geschrobd
- Sap van 1 citroen
- 4 eetlepels boter
- 1 ounce Parmezaanse kaas, fijn geraspt (ongeveer 1/4 kop)

INSTRUCTIES:
a) Breng een grote pan met royanaar degezouten water aan de kook.
b) Verhit een grote koekenpan op middelhoog vuur en voeg een eetlepel olie toe. Voeg de worteluiteinden van de ui, de takjes peterselie en zoveel kleine halzen toe als er in één laag passen, en giet er dan 3/4 kopje wijn bij.
c) Zet het vuur hoog, dek de pan af en laat de mosselen stomen tot ze opengaan, 3 tot 4 minuten. Verwijder het deksel en gebruik een tang om de mosselen in een kom over te brengen zodra ze opengaan. Als er hardnekkige mosselen in zitten, tik er dan zachtjes op met je tang, zodat ze opengaan. Gooi de mosselen weg die na 6 minuten koken niet opengaan. Voeg de resterende littlenecks toe aan de pan en kook op dezelfde manier met de resterende wijn.
d) Giet het kookvocht door een fijnmazige zeef en zet opzij. Zodra de mosselen voldoende zijn afgekoeld om te hanteren, plukt u ze uit de schelp en hakt u ze grof. Zet opzij in een kleine kom met net genoeg kookvocht om onder te staan. Gooi de schelpen weg.
e) Spoel de pan af en zet hem op middelhoog vuur. Voeg net genoeg olie toe om de bodem van de pan te bedekken en voeg de in blokjes gesneden ui en een snufje zout toe. Kook tot ze gaar zijn,

af en toe roeren, ongeveer 12 minuten. Het is prima als de ui kleur krijgt, maar laat hem niet verbranden; voeg indien nodig een scheutje water toe.

f) Kook ondertussen de pasta tot hij nog niet helemanaar denaar dedente is.

g) Voeg de knoflook en 1/2 theelepel pepervlokken toe aan de ui en laat zachtjes sissen. Voordat de knoflook de kans krijgt om bruin te worden, voeg je de Manilla- of kersenpitschelpen toe en zet je het vuur hoog. Voeg een gezonde scheut van het kookvocht of de wijn toe en dek de pan af. Zodra de mosselen opengaan, voeg je de fijngehakte nekjes toe. Laat het een paar minuten samen koken, proef en pas het zuur aan met citroensap of meer witte wijn als dat nodig is.

h) Giet de pasta af, bewaar 1 kop kookvocht en doe deze onmiddellijk bij de mosselen in de pan. Laat de noedels doorkoken tot ze beetgaar zijn in de mosselvloeistof, zodat ze naar dehet zilte lekkers kunnen opnemen.

i) Proef en pas aan voor zout, kruidigheid en zuur. De pasta moet behoorlijk sappig zijn. Als dat niet het gevnaar deis, voeg dan nog een lepel kookvocht van de mosselen, wijn of pastawater toe. Voeg de boter en de kaas toe, laat ze smelten en roer ze door de pasta heen. Bestrooi met de gehakte peterselieblaadjes en schep in kommen.

j) Serveer onmiddellijk met knapperig brood om de saus op te zuigen.

VIS

26. Langzaam Geroosterde Zalm

INGREDIËNTEN:
- 1 flinke hand fijne kruiden, zoals peterselie, koriander, dille of venkelbladeren of 3 vijgenblaadjes
- 1 zalmfilet van 2 pond, vel verwijderd
- Zout
- Extra vergine olijfolie

INSTRUCTIES:
a) Verwarm de oven voor op 225 ° F. Maak een bedje van kruiden, of als je vijgenbladeren gebruikt, leg ze dan in het midden van een bakplaat. Opzij zetten.
b) Elke kant van de zalm heeft een lijn dunne speldbotjes die ongeveer tweederde van de filet reikt. Leg de filet met het vel naar beneden op een snijplank met een pincet of een punttang. Ga met je vingers lichtjes van kop tot staart over de vis om de botten te lokaliseren en hanaar dede uiteinden uit het vlees.
c) Begin bij het hoofdeinde en trek de botten één voor één eruit, terwijl u ze met uw pincet in dezelfde hoek trekt als waarin ze in de vis vastzitten. Zodra je het bot eruit hebt gehaald, doop je je pincet in een glas koud water om het bot los te laten. Als je klaar bent, ga je nog een keer met je vingers over de vis om er zeker van te zijn dat je bijbotten hebt. Dat is het!
d) Kruid beide kanten van de vis met zout en leg hem in het kruidenbedje. Druppel een eetlepel olijfolie op de vis en wrijf het gelijkmatig in met je handen. Schuif de pan in de oven.
e) Rooster gedurende 40 tot 50 minuten, totdat de vis in het dikste deel van de filet begint te schilferen als je er met een mes of je vinger in prikt. Omdat deze methode zo zacht is voor de eiwitten, znaar dede vis er zelfs na het koken doorschijnend uitzien.
f) Zodra de zalm gaar is, breek hem in grote, rustieke stukken en schep er royale hoeveelheden kruidensaus van welke soort dan ook overheen. Kumquat Saus en Meyer Lemon Saus werken hier bijzonder goed. Serveer naast witte bonen of aardappelen en geschoren venkel en radijsjes.

27. In bier gehavende vis

INGREDIËNTEN:

- 2 1/2 kopjes bloem voor bijdoeleinden
- 1 theelepel bakpoeder
- 1/2 theelepel gemalen cayennepeper
- Zout
- 1 1/2 pond schilferige witte vis, zoals heilbot, tong of kabeljauw, uitgebeend en bijgesneden
- 6 kopjes druivenpit-, pinda- of koolzaadolie om te frituren
- 1 1/4 kopjes wodka, ijskoud
- Ongeveer 1 1/2 kopjes pils, ijskoud
- Optioneel: voor extra knapperigheid kunt u de helft van het bloem voor bijdoeleinden vervangen door rijstmeel

INSTRUCTIES:

a) Meng in een middelgrote kom de bloem, bakpoeder, cayennepeper en een flinke snuf zout. Plaats in de vriezer.
b) Snijd de vis in 8 gelijke stukken diagonaal, elk ongeveer 1 bij 3 inch lang. Kruid rijkelijk met zout. Bewaar op ijs of in de koelkast tot u klaar bent om te koken.
c) Zet een brede, diepe pan op middelhoog vuur. Voeg voldoende olie toe om een diepte van 1 1/2 inch te bereiken en verwarm tot 365 ° F.
d) Als de olie heet is, maak je het beslag: voeg de wodka toe aan de kom met bloem terwijl je langzaam roert met de vingertoppen van één hand. Voeg vervolgens geleidelijk genoeg bier toe om het beslag te verdunnen tot ongeveer dezelfde consistentie als pannenkoekbeslag; het zou gemakkelijk uit je vingertoppen moeten druppelen. Meng niet te veel; de klontjes veranderen tijdens het bakken in een lichte, knapperige korst.
e) Doe de helft van de vis in de kom met beslag. Bestrijk de stukken vis één voor één volledig en laat ze vervolgens voorzichtig in de hete olie zakken. Doe de pan niet te vol; er mag nooit meer dan één laag vis in de olie zitten. Terwijl de stukjes bakken, gebruik je een tang om er voorzichtig voor te zorgen dat ze niet aan elkaar plakken. Na ongeveer 2 minuten, als de onderkant goudbruin is, draai je de stukken om en bak je de tweede kant. Als de tweede kant goudbruin is, gebruik dan een tang of een schuimspaan om de vis uit de olie te halen. Breng op smaak met zout en laat uitlekken op een bakplaat bekleed met keukenpapier.
f) Bak de resterende vis op dezelfde manier en laat de olietemperatuur tussen de batches terugkeren naar 365 ° F.
g) Serveer onmiddellijk met partjes citroen en tartaarsaus.

28. Gekonfijte tonijn

INGREDIËNTEN:
- 1 1/2 pond verse witte tonijn of geelvintonijn, gesneden in stukjes van 1 1/2 inch dik
- Zout
- 2 1/2 kopjes olijfolie
- 4 teentjes knoflook, gepeld
- 1 gedroogde rode paprika
- 2 laurierblaadjes
- 2 reepjes citroenschil van 1 inch
- 1 theelepel zwarte peperkorrels

INSTRUCTIES:
a) Kruid de tonijn ongeveer 30 minuten voordat u hem gaat koken met zout.
b) Om de tonijn te konfijten, plaats je de olie, knoflook, rode paprika, laurierblaadjes, citroenschil en peperkorrels in een Nederlandse oven of een diepe, zware sauteerpan. Verwarm tot ongeveer 180 °F – de olie moet warm aanvoelen, maar niet heet.
c) Laat ongeveer 15 minuten koken om de olie met de aromaten te laten trekken en ook om alles te pasteuriseren zodat het lang houdbaar is.
d) Laat de tonijn in een enkele laag in de warme olie glijden. De tonijn moet onder de olie zitten, dus voeg indien nodig meer toe. Je kunt de vis indien nodig ook in batches koken.
e) Breng de olie terug naar ongeveer 150°F, of gewoon totdat je ziet dat de vis om de paar seconden een belletje of twee laat ontsnappen. De precieze temperatuur van de olie is niet zo belangrijk, en deze znaar defluctueren als je de vlam op en neer draait en de vis toevoegt en verwijdert. Het belangrijkste is om de vis langzaam te koken, dus gebruik de lage kant als dat nodig is.
f) Hanaar dena ongeveer 9 minuten een stukje uit de olie en controleer op gaarheid. De vis zou nauwelijks medium-rare moeten zijn – nog steeds behoorlijk roze in het midden – omdat de warmte zich blijft verspreiden. Als het te zeldzaam is, doe de vis dan terug in de olie en laat nog een minuut koken.
g) Hanaar dede gekookte vis uit de olie en laat hem in één laag op een bord afkoelen, plaats hem vervolgens in een glazen schanaar deen zeef de afgekoelde olie terug over de vis. Serveer op kamertemperatuur of gekoeld. In de koelkast is de vis afgedekt met olie ongeveer 2 weken houdbaar.

KIP EN EIEREN

29.Krokantste gekruide kip

INGREDIËNTEN:
- 4 pond hele kip
- Zout
- Extra vergine olijfolie

INSTRUCTIES:

a) De dag voordat je van plan bent de kip te koken, spatchcock hem (of vraag je slager om te helpen!). Gebruik een stevige keukenschaar om langs beide zijden van de ruggengraat (de onderkant van de vogel) af te knippen en deze te verwijderen. Je kunt beginnen vanaf het staart- of nekuiteinde, wat je maar wilt. Nadat u de rug heeft verwijderd, reserveert u deze voor voorraad. Verwijder de vleugeltips en bewaar ze ook voor voorraad.

b) Leg de kip op de snijplank, met de borst naar boven. Duw het borstbeen naar beneden totdat je het kraakbeen hoort knappen en de vogel plat ligt. Bestrooi de vogel aan beide kanten royanaar demet zout. Plaats het met de borstzijde naar boven in een ondiepe braadslede en zet het, onafgedekt, een nacht in de koelkast.

c) Hanaar dede vogel een uur voordat je hem gaat koken uit de koelkast. Verwarm de oven voor op 425 ° F, met een rek in het bovenste derde deel van de oven.

d) Verhit een gietijzeren pan of andere koekenpan van 10 of 12 inch op middelhoog vuur. Voeg net genoeg olijfolie toe om de bodem van de pan te bedekken. Zodra de olie glinstert, plaatst u de kip in de pan, met de borst naar beneden, en bakt u deze in 6 tot 8 minuten goudbruin. Het is prima als de vogel niet helemanaar deplat ligt, zolang de borst maar in contact is met de pan. Draai de vogel om (nogmaals, het is prima als hij niet helemanaar deplat ligt) en schuif de hele gietijzeren pan in de oven op het voorbereide rek. Duw de pan helemanaar denaar de achterkant van de oven, met het handvat van de pan naar links gericht.

e) Gebruik na ongeveer 20 minuten voorzichtig een ovenwant om de pan 180 graden te draaien, zodat de handgreep naar rechts wijst, en plaats hem terug naar de achterkant van het bovenste rek.

f) Kook tot de kip rondom bruin is en de sappen helder zijn als je tussen de poot en de dij snijdt, ongeveer 45 minuten.

g) Laat 10 minuten rusten voordat u gaat snijden. Serveer warm of op kamertemperatuur.

30. Kuku Sabzi Frittata met Perzische kruiden en groenten

INGREDIËNTEN:
- 2 bosjes groene snijbiet, gewassen
- 1 grote prei
- Extra vergine olijfolie
- Zout
- 6 eetlepels ongezouten boter
- 4 kopjes fijngehakte korianderblaadjes en zachte stengels
- 2 kopjes fijngehakte dilleblaadjes en zachte stengels
- 8 tot 9 grote eieren

INSTRUCTIES:

a) Verwarm de oven voor op 350 ° F als je je kuku halverwege het koken niet wilt omdraaien.

b) Strip de snijbietbladeren. Pak de basis van elke stengel met één hand vast, knijp met de andere hand in de stengel en trek deze omhoog om het blad te strippen. Herhanaar demet de resterende snijbiet en bewaar de stelen.

c) Verwijder de wortel en de bovenste centimeter van de prei en snijd hem in de lengte in vieren. Snijd elk kwart in plakjes van 1/4 inch, doe het in een grote kom en was krachtig om vuil te verwijderen. Giet zoveel mogelijk water af. Snijd de stengels van de snijbiet in dunne plakjes en gooi de harde stukjes aan de basis weg. Voeg toe aan de gewassen prei en zet opzij.

d) Verhit een gietijzeren of anti-aanbakpan van 10 of 12 inch zachtjes op middelhoog vuur en voeg voldoende olijfolie toe om de bodem van de pan te bedekken. Voeg de snijbietblaadjes toe en breng op smaak met een flinke snuf zout. Kook, af en toe roerend, tot de bladeren verwelkt zijn, 4 tot 5 minuten. Hanaar dede snijbiet uit de pan, zet opzij en laat afkoelen.

e) Zet de pan terug op het fornuis en verwarm op middelhoog vuur en voeg 3 eetlepels boter toe. Wanneer de boter begint te schuimen, voeg je de gesneden prei en snijbietstengels toe, samen met een snufje zout. Kook tot ze gaar en doorschijnend zijn, 15 tot 20 minuten. Roer af en toe en voeg indien nodig een scheutje water toe, zet het vuur laag of dek af met een deksel of een stuk bakpapier om de stoom vast te houden en te voorkomen dat de kleur zich ontwikkelt.

f) Knijp ondertussen de gekookte snijbietblaadjes droog, gooi het vocht weg en hak ze grof. Combineer in een grote kom met de koriander en dille. Als de prei en snijbietstengels gaar zijn, voeg je ze toe aan de greens. Laat het mengsel een beetje afkoelen en gebruik dan je handen om alles gelijkmatig te mengen. Proef en breng royanaar deop smaak met zout, wetende dat je op het punt staat een bosje eieren aan het mengsel toe te voegen.

g) Voeg de eieren één voor één toe, totdat het mengsel nog maar net gebonden is met ei. Misschien hoef je niet bijnegen eieren te gebruiken, afhankelijk van hoe nat je groenten waren en hoe groot je eieren zijn, maar het zou een belachelijke moeten lijken. hoeveelheid groen! Meestnaar deproef ik op dit punt het mengsel en pas ik het aan op zout, maar als je geen rauw ei wilt proeven, kun je een klein proefstukje kuku koken en indien nodig het zout aanpassen.

h) Veeg de pan schoon en verwarm hem opnieuw op middelhoog vuur – dit is een belangrijke stap om te voorkomen dat de kuku blijft plakken – en voeg 3 eetlepels boter en 2 eetlepels olijfolie toe en roer om te combineren. Wanneer de boter begint te schuimen, doe je het kuku-mengsel voorzichtig in de pan.

i) Om de kuku gelijkmatig te laten koken, gebruik je tijdens de eerste minuten van het koken een rubberen spatel om de randen van het mengsel voorzichtig naar het midden te trekken terwijl ze hard worden. Zet na ongeveer 2 minuten het vuur laag en laat de kuku groenter koken zonder hem aan te raken. Je weet dat de pan heet genoeg is zolang de olie zachtjes langs de zijkanten van de kuku borrelt.

j) Omdat deze kuku zo dik is, duurt het even voordat het midden hard is geworden. De sleutel hier is om de korst niet te laten verbranden voordat het midden hard wordt. Kijk naar de korst door de kuku op te tillen met een rubberen spatel, en als het te snel te donker wordt, zet dan het vuur lager. Draai de pan elke 3 tot 4 minuten een kwartslag om een gelijkmatige bruining te garanderen.

k) Na ongeveer 10 minuten, wanneer het mengsel zo hard is geworden dat het niet meer loopt en de bodem goudbruin is, verzamel naar deje moed en bereid je voor om de kuku om te draaien. Giet eerst zoveel mogelijk kookvet in een kom om te voorkomen dat je jezelf verbrandt, en draai de kuku vervolgens op een pizzapan of de achterkant van een bakplaat, of in een andere grote koekenpan. Voeg 2 eetlepels olijfolie toe aan de hete pan en schuif de kuku er weer in om de tweede kant te bakken. Kook nog eens 10 minuten en draai de pan elke 3 of 4 minuten.
l) Als er iets misgaat als je probeert om te draaien, raak dan niet in paniek! Het is alleen maar lunchen. Doe gewoon je best om de kuku om te draaien, doe wat meer olie in de pan en doe hem heelhuids terug in de pan.
m) Als je liever niet omdraait, schuif dan de hele pan in de oven en bak tot het midden volledig uitgehard is, ongeveer 10 tot 12 minuten.
n) Controleer de gaarheid met een tandenstoker, of schud de pan gewoon heen en weer, op zoek naar een lichte beweging aan de bovenkant van de kuku. Als het klaar is, draai je het voorzichtig uit de pan op een bord. Dep de overtollige olie weg. Eet warm, op kamertemperatuur of koud. Kuku zorgt voor geweldige restjes!

31.Pittige gebakken kip

INGREDIËNTEN:
- 4 pond kip, in 10 stukken gesneden, of 3 pond kippendijen met bot en huid
- Zout
- 2 grote eieren
- 2 kopjes karnemelk
- 1 eetlepel hete saus (mijn favoriet is Valentina!)
- 3 kopjes bloem voor bijdoeleinden
- 6 tot 8 kopjes druivenpit-, pinda- of canola-olie om te frituren, plus 1/4 kopje voor de pittige olie
- 2 eetlepels cayennepeper
- 1 eetlepel donkerbruine suiker
- 1/2 theelepel gerookte paprikapoeder
- 1/2 theelepel geroosterde komijn, fijngemalen
- 1 teentje knoflook, fijn geraspt of gestampt met een snufje zout

INSTRUCTIES:

a) Bereid de kip voor het koken voor. Als u een hele kip gebruikt, snijd deze dan in 10 stukken. Bewaar het karkas voor uw volgende partij kippenbouillon. Als u dijen gebruikt, been ze dan uit en snijd ze doormidden.

b) Kruid royanaar demet zout aan bijkanten. Zet de kip in de koelkast als je hem meer dan een uur van tevoren op smaak brengt; laat het anders op het aanrecht liggen.

c) Klop de eieren, karnemelk en hete saus samen in een grote kom. Opzij zetten. Meng de bloem en 2 flinke snufjes zout in een andere kom. Opzij zetten.

d) Zet een brede, diepe pan op middelhoog vuur. Voeg olie toe tot een diepte van 1 1/2 inch en verwarm tot 360 ° F. Begin met het baggeren van de kip, één of twee stukken tegelijk. Hanaar deeerst de bloem erdoor en schud het overtollige eraf. Dompel het dan in de karnemelk, laat het overtollige terug in de kom druppelen, doe het dan weer bij het bloemmengsel en bagger nog een laatste keer. Schud het overtollige eraf en plaats het op een bakplaat.

e) Bak de kip in twee of drie rondes, laat de temperatuur van de olie dalen tot ongeveer 325 ° F terwijl de kip kookt. Gebruik een metalen tang om de kip af en toe om te draaien, tot het vel diep goudbruin is, ongeveer 12 minuten (dichterbij 16 minuten voor grote stukken en 9 minuten voor kleine stukken). Als je niet zeker weet of het vlees gaar is, prik dan met een schilmesje door de korst en kijk naar het vlees. Het vlees moet tot op het bot gaar zijn en het sap dat uit het vlees komt, moet helder zijn.

f) Als het vlees nog rauw is of als het sap een klein vleugje roze vertoont, doe de kip dan terug in de olie en kook groenter tot hij gaar is.

g) Laat afkoelen op een rooster dat boven een bakplaat is geplaatst.

h) Combineer de cayennepeper, bruine suiker, paprika, komijn en knoflook in een kleine kom en voeg de 1/4 kop olie toe. Bestrijk de kip met de pikante olie en serveer onmiddellijk.

32. Kippottaart

INGREDIËNTEN:
VOOR DE VULLING
- 4 pond kip of 3 pond kippendijen met bot en huid
- Zout
- Extra vergine olijfolie
- 3 eetlepels boter
- 2 middelgrote gele uien, geschild en in stukjes van 1/2 inch gesneden
- 2 grote wortels, geschild en in stukjes van 1/2 inch gesneden
- 2 grote stengels bleekselderij, in stukjes van 1/2 inch gesneden
- 1/2 pond verse cremini-, knoop- of cantharellen, bijgesneden en in vieren gesneden
- 2 laurierblaadjes
- 4 takjes verse tijm
- Vers gemalen zwarte peper
- 3/4 kopje droge witte wijn of droge sherry
- 1/2 kopje room
- 3 kopjes kippenbouillon of water
- 1/2 kopje bloem
- 1 kopje erwten, vers of bevroren
- 1/4 kop fijngehakte peterselieblaadjes

VOOR DE KORST
- 1 recept All-Butter Pie Dough, maar laat het deeg in één stuk afkoelen, of 1/2 recept Lichte en schilferige karnemelkkoekjes, of 1 pakje bladerdeeg dat je in de winkel koopt
- 1 groot ei, licht geklopt

INSTRUCTIES:
a) Bereid de kip voor het koken voor. Als u een hele kip gebruikt, snijd deze dan in vieren en bewaar het karkas voor uw volgende partij kippenbouillon. Kruid rijkelijk met zout. Zet de kip in de koelkast als je hem meer dan een uur van tevoren op smaak brengt; laat het anders op het aanrecht liggen.
b) Zet een grote Nederlandse oven of soortgelijke pan op middelhoog vuur. Als de pan heet is, voeg dan voldoende olijfolie toe om de bodem van de pan te bedekken. Wanneer de olie glinstert, plaats je de helft van de stukken kip in de pan, met de velkant naar beneden, en bruin ze aan bijkanten gelijkmatig bruin, ongeveer 4 minuten per kant. Doe het mengsel op een bord en herhanaar demet de overgebleven kip.
c) Gooi het vet voorzichtig weg en plaats de pan terug op middelhoog vuur. Smelt de boter en voeg de ui, wortels, selderij, champignons, laurierblaadjes en tijm toe. Licht op smaak brengen met peper en zout. Kook, af en toe roerend, tot de groenten kleur beginnen te krijgen en zacht worden, ongeveer 12 minuten. Giet de wijn of sherry erbij en blus de pan met een houten lepel.
d) Leg de gebruinde kip in de groenten. Voeg de room en kippenbouillon of water toe en zet het vuur hoog. Dek de pan af, breng aan de kook en laat het vervolgens zachtjes koken. Verwijder de borsten, indien gebruikt, na 10 minuten sudderen, maar kook donker vlees in totanaar de30 minuten. Zet het vuur uit, doe de gekookte kip op een bord en laat de saus afkoelen. Gooi de laurierblaadjes en de tijm weg. Nadat de saus een paar minuten heeft gestaan en het vet naar boven is gestegen, gebruik je een pollepel of brede lepel om de saus in een maatbeker of kleine kom te scheppen.
e) Gebruik een vork in een aparte kleine kom om 1/2 kopje magere vet met de bloem tot een dikke pasta te combineren. Als bijbloem is opgenomen, roer er dan een pollepel kookvocht door en meng. Doe deze dikke vloeistof terug in de pan en breng de hele saus weer aan de kook, laat het vervolgens sudderen en kook tot de saus niet langer naar rauwe bloem smaakt, ongeveer 5 minuten.

Proef en breng op smaak met zout en versgemalen zwarte peper, en hanaar dedan van het vuur.

f) Verwarm de oven voor op 400 ° F. Zet het ovenrek op een middenhoge positie.

g) Als de kip voldoende is afgekoeld om te hanteren, versnippert u het vlees en snijdt u de schil fijn. Bewaar de botten voor de voorraad. Voeg de geraspte kip en de schil, erwten en peterselie toe aan de pot. Roer om te combineren, proef en pas de kruiden aan indien nodig. Hanaar devan het vuur.

h) Als u taartdeeg gebruikt, rol het dan uit tot een rechthoek van 15 bij 11 inch, ongeveer 1/8 inch dik, en snijd minstens 10 cm lange stoomgaten in het deeg. Als u koekjes gebruikt, knip dan 8 koekjes uit. Als u bladerdeeg gebruikt, ontdooi het deeg dan voorzichtig, rol het uit en snijd vervolgens minstens 10 cm lange stoomopeningen in het deeg.

i) Giet de vulling in een glazen of keramische pan van 9 bij 13 inch of een ondiepe ovenschanaar devan vergelijkbare grootte. Leg het voorbereide deeg of bladerdeeg over de vulling en snijd het deeg af, zodat er een rand van 1/2 inch rond de rand van de pan overblijft. Stop het deeg terug onder zichzelf en sluit het af. Als het deeg niet uit zichzelf aan de pan blijft plakken, gebruik dan een beetje eierwas om het plakken te bevorderen. Als u koekjes gebruikt, plaats ze dan voorzichtig in de vulling, zodat ze voor ongeveer driekwart zichtbaar zijn. Bestrijk het deeg, bladerdeeg of koekjes grondig en royanaar demet eierwas.

j) Leg ze op een bakplaat en bak 30 tot 35 minuten, tot het deeg of gebak goudbruin is en de vulling bubbelt. Heet opdienen.

33. Gekonfijte kip

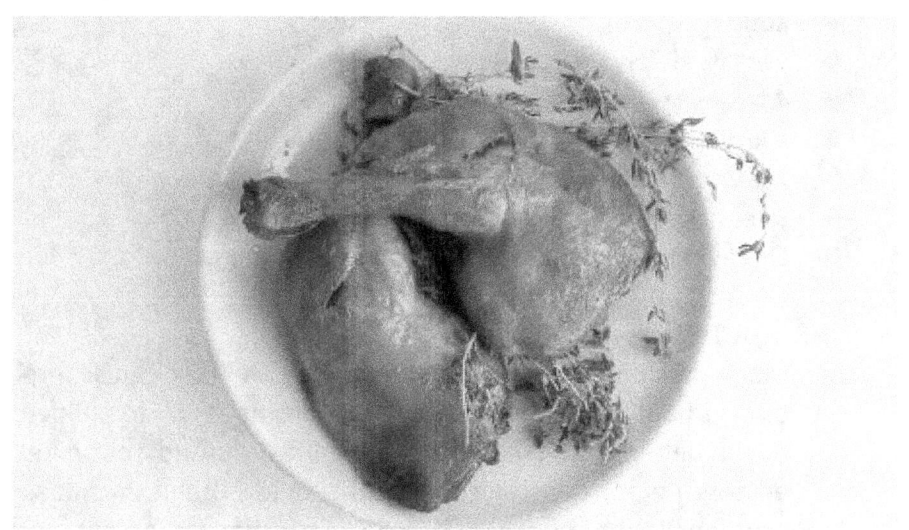

INGREDIËNTEN:
- 4 kippenpoten, met dijen eraan
- Zout
- Vers gemalen zwarte peper
- 4 takjes verse tijm
- 4 kruidnagels
- 2 laurierblaadjes
- 3 teentjes knoflook, gehalveerd
- Ongeveer 4 kopjes eend- of kippenvet of olijfolie

INSTRUCTIES:
a) Maak de kip een dag van tevoren klaar. Gebruik een scherp mes om de huid aan de basis rond elke drumstick in te snijden, net boven het enkelgewricht. Snij helemanaar derond, tot op het bot, en zorg ervoor dat je de pezen doorsnijdt. Breng op smaak met zout en peper. Doe een laag in een schanaar demet de tijm, kruidnagel, laurierblaadjes en knoflook. Dek af en zet een nacht in de koelkast.

b) Verwijder ter voorbereiding de aromaten en leg de poten in een enkele laag in een grote braadpan of pot. Als u eenden- of kippenvet gebruikt, verwarm dan zachtjes in een middelgrote pan totdat het vloeibaar wordt. Giet voldoende vet in de braadpan of pan om het vlees onder te dompelen en verwarm vervolgens op middelhoog vuur tot de eerste belletjes uit de kip komen. Zet het vuur lager, zodat het vet nooit de geringste suddering overtreft. Kook tot het vlees zacht is tot op het bot, ongeveer 2 uur.

c) (Je kunt het geheel ook in de oven koken, op ongeveer 200 ° F. Gebruik dezelfde aanwijzingen als bij het sudderen op de kookplaat.)

d) Als het vlees gaar is, zet je het vuur uit en laat je het een tijdje afkoelen in het vet. Hanaar dede kip voorzichtig uit het vet met een metalen tang. Pak het bot aan het enkeluiteinde vast om te voorkomen dat de huid scheurt.

e) Laat het vlees en het vet afkoelen, plaats de kip vervolgens in een glazen of keramische schaal, zeef het vet erover en zorg ervoor dat het volledig onder water staat. Dek af met een deksel. Bewaar in de koelkast gedurende maximanaar de6 maanden.

f) Om te serveren haalt u de kip uit het vet en schraapt u het overtollige vet weg. Verhit een gietijzeren pan op middelhoog vuur en plaats de kip met het vel naar beneden in de pan. Gebruik, net als bij kip met transportband, het gewicht van een tweede, in folie verpakte gietijzeren pan om het vet te helpen verzachten en de huid knaperig te maken. Plaats de pan op de kip en verwarm zachtjes om de huid krokant te maken in dezelfde snelheid waarmee het vlees opwarmt. Als je gekraak hoort in plaats van sissen, let dan beter op het vlees, zodat het niet verbrandt. Zodra het vel bruin is, draait u de kip om en blijft u de poot aan de andere kant opwarmen zonder gewicht. Het hele proces duurt ongeveer 15 minuten.

g) Serveer onmiddellijk.

34. Gefrituurde kip om je vingers bij af te likken

INGREDIËNTEN:
- 6 kipfilets zonder bot en zonder vel
- 1 1/2 kopjes fijne witte broodkruimels, bij voorkeur zelfgemaakt, of panko
- 3/4 ounce Parmezaanse kaas, fijn geraspt (ongeveer 1/4 kop)
- 1 kopje bloem, op smaak gebracht met een flinke snuf zout en een snufje cayennepeper
- 3 grote eieren, losgeklopt met een snufje zout
- 1 3/4 kopje geklaarde boter, gemaakt van 1 pond boter

INSTRUCTIES:

a) Bekleed een bakplaat met bakpapier en de andere met keukenpapier.

b) Als de offertes nog aan de borsten vastzitten, verwijder ze dan. Gebruik een scherp mes om het stukje zilveren huid of bindweefsel bovenaan de onderkant van elke borst te verwijderen.

c) Leg één kipfilet met de onderkant naar boven op de snijplank. Wrijf één kant van een plastic zak lichtjes in met olijfolie en plaats deze met de oliekant naar beneden op de borst. Sla met een keukenhamer op de onderkant van de borst (of gebruik bij gebrek daaraan een lege glazen pot) totdat deze gelijkmatig ongeveer een halve centimeter dik is. Herhanaar demet de overige borsten.

d) Kruid de borsten en de offertes lichtjes met zout en zet vervolgens een paneerstation op. Zet drie grote, ondiepe kommen of braadschalen klaar, elk met de gekruide bloem, de losgeklopte eieren en de broodkruimels. Meng de Parmezaanse kaas door het broodkruim.

e) Werk zoals Henry Ford: bestrijk bijborsten en aanbestedingen eerst met bloem en schud dan het overtollige eraf. Dompel ze vervolgens allemanaar dein het ei en schud het overtollige eiwit eraf. Bestrijk de stukjes ten slotte met broodkruimels en leg ze op de met bakpapier beklede bakplaat.

f) Zet een gietijzeren pan van 10 of 12 inch (of een andere koekenpan) op middelhoog vuur en voeg voldoende geklaarde boter toe om 1/4 inch boven de zijkanten van de pan te komen. Voeg als het vet glinstert een paar broodkruimels toe om de temperatuur van het vet te testen. Zodra ze gemakkelijk sissen, plaats je zoveel mogelijk kipfilets in één laag in de pan. Er moet ruimte zijn tussen elke borst en het vet moet minstens halverwege de zijkanten van de kip komen om ervoor te zorgen dat het paneermeel gelijkmatig gaart.

g) Kook de borsten op middelhoog vuur tot ze goudbruin zijn, 3 tot 4 minuten, draai ze dan om en draai ze om. Kook tot de tweede kant gelijkmatig bruin is, hanaar deuit de pan en laat uitlekken op een vel bekleed met keukenpapier. (Als je niet zeker weet of het vlees gaar is, prik dan met een schilmesje door de paneermeel en controleer het.

h) Keer terug naar de pan en laat langer koken als je roze vlees ziet.) Voeg indien nodig meer geklaarde boter toe aan de pan en kook de resterende borsten en aanbestedingen op dezelfde manier.

i) Bestrooi licht met zout en serveer onmiddellijk.

35.Salie- en honinggerookte kip

INGREDIËNTEN:
- 1 1/3 kopjes honing
- 1 bosje salie
- 1 bol knoflook, kruiselings gehalveerd
- 3/4 kop (4 1/4 ounces) koosjer zout of 1/2 kop fijn zeezout
- 1 eetlepel zwarte peperkorrels
- 4 pond kip
- 2 kopjes appelhoutchips

INSTRUCTIES:
a) Maak de dag voordat je de kip gaat koken de pekel. Breng in een grote pan 1 liter water aan de kook met 1 kopje honing, de salie, knoflook, zout en peperkorrels. Voeg 2 liter koud water toe. Laat de pekel afkoelen tot kamertemperatuur. Dompel de kip onder in de pekel, met de borst naar beneden, en zet een nacht in de koelkast.

b) Om de kip te koken, haalt u hem uit de pekel en dept u hem droog. Giet de pekel door een zeef en vul de holte van de kip met de gepekelde knoflook en salie. Vouw de vleugelpunten omhoog en over de rug van de vogel. Bind de kippenpoten aan elkaar. Laat de vogel op kamertemperatuur komen.

c) Week de houtsnippers 1 uur in water en laat ze vervolgens uitlekken. Bereid je voor op grillen op indirecte hitte.

d) Om boven een houtskoolgrill te roken, steekt u de houtskool aan in een schoorsteenstarter. Wanneer de kolen rood gloeien en bedekt zijn met grijze as, dumpt u ze voorzichtig in twee stapels aan weerszijden van de grill. Plaats een wegwerpbare aluminium pan in het midden van de grill. Gooi 1/2 kopje houtsnippers op elke stapel kolen om rook te creëren. Plaats het rooster op de grill en plaats de kip met de borst naar boven boven de lekbak.

e) Bedek de grill met de ventilatieopeningen boven het vlees. Open de ventilatieopeningen halverwege. Gebruik een digitale thermometer om u te helpen een temperatuur van 200° tot 225°F te handhaven, en vul indien nodig houtskool en hout aan. Wanneer een direct afleesbare thermometer in het midden van het been een temperatuur van 130 ° F registreert, veegt u de resterende 1/3 kop honing over de hele huid. Plaats het deksel van de grill terug en ga door met koken totdat de thermometer 160 ° F registreert wanneer deze in het midden van de poot wordt geplaatst, nog ongeveer 35 minuten. Hanaar dede kip van de grill en laat 10 minuten rusten voordat u hem aansnijdt.

f) Om de huid krokant te maken voordat u deze serveert, stookt u de kolen tot ze erg heet zijn, of steekt u de branders aan één kant van de grill op zeer hoge stand. Leg de kip terug in de indirecte hittezone en dek de grill af. Kook gedurende 5 tot 10 minuten tot ze knapperig zijn.

g) Om boven een gasbarbecue te roken, vult u de rookkast met houtsnippers en steekt u de brander die zich er het dichtst bij bevindt op de hoogste stand totdat u rook ziet. Als uw grill geen rookbox heeft, plaats de chips dan in stevige folie en vouw ze in een zakje. Prik een paar gaatjes in het zakje en plaats het onder het rooster boven een van de branders. Verhit op hoog vuur tot je rook ziet. Zodra de chips roken, verlaagt u het vuur, laat u het deksel zakken en verwarmt u de grill voor op 250 ° F. Houd deze temperatuur tijdens het koken aan.

h) Plaats de kip met de borst naar boven op onverlichte branders (dit is de indirecte hittezone) en kook 2 tot 2 1/2 uur. Wanneer een direct afleesbare thermometer in het midden van het been een temperatuur van 130 ° F registreert, veegt u de resterende 1/3 kop honing over de hele huid. Plaats het deksel van de grill terug en ga door met koken totdat de thermometer 160 ° F registreert wanneer deze in het midden van de poot wordt gestoken, nog ongeveer 35 minuten. Hanaar dede kip van de grill en laat 10 minuten rusten voordat u hem aansnijdt.

i) Om de huid krokant te maken voordat u deze serveert, stookt u de kolen tot ze erg heet zijn, of steekt u de branders aan één kant van de grill op zeer hoge stand. Leg de kip terug in de indirecte hittezone en dek de grill af. Kook gedurende 5 tot 10 minuten tot ze knapperig zijn.

j) Om te serveren snij je de kip in vieren (het past heel goed bij Fried Sage Saus Groente) of versnippert het vlees om pulled chicken te maken voor op de boterham.

36.Kip- en Knoflooksoep

INGREDIËNTEN:
- 4 pond kip, in vieren; of 4 grote kippenpoten en dijen
- Zout
- Versgemalen peper
- Extra vergine olijfolie
- 2 middelgrote gele uien, in blokjes gesneden (ongeveer 3 kopjes)
- 3 grote wortels, geschild en in blokjes gesneden (ongeveer 1 1/4 kopjes)
- 3 grote stengels bleekselderij, in blokjes gesneden (ongeveer 1 kop)
- 2 laurierblaadjes
- 10 kopjes kippenbouillon
- 20 teentjes knoflook, in dunne plakjes gesneden
- Optioneel: Parmezaanse kaasschil

INSTRUCTIES:

a) Bereid de kip voor het koken voor. Als u een hele vogel gebruikt, snijd deze dan in vieren en bewaar het karkas voor uw volgende partij kippenbouillon. Kruid rijkelijk met zout en versgemalen zwarte peper. Zet de kip in de koelkast als je hem meer dan een uur van tevoren op smaak brengt; laat het anders op het aanrecht liggen.

b) Verwarm een Nederlandse oven van 8 liter of een soortgelijke pan op hoog vuur. Voeg voldoende olijfolie toe om de bodem van de pot te bedekken. Wanneer de olie glinstert, voeg je de helft van de stukken kip toe en bak ze goed bruin, ongeveer 4 minuten per kant. Verwijder en zet opzij. Herhanaar demet de resterende kip.

c) Giet voorzichtig het grootste deel van het vet uit de pan. Zet de pan terug op het fornuis en zet het vuur middelhoog. Voeg de uien, wortels, selderij en laurierblaadjes toe en kook tot ze zacht en goudbruin zijn, ongeveer 12 minuten. Doe de kip terug in de pan en voeg 10 kopjes bouillon of water, zout, peper en Parmezaanse kaas toe, indien gebruikt. Breng aan de kook en laat het vervolgens koken.

d) Verhit een kleine koekenpan op middelhoog vuur en voeg voldoende olijfolie toe om de bodem te bedekken, en voeg dan de knoflook toe. Laat de knoflook ongeveer 20 seconden zachtjes pruttelen, totdat er een aroma vrijkomt, maar zorg ervoor dat de knoflook geen kleur aanneemt. Voeg het toe aan de soep en laat groenter koken.

e) Als u borsten gebruikt, hanaar deze dan na 12 minuten uit de pan en laat de benen en dijen sudderen tot ze gaar zijn, in totanaar deongeveer 50 minuten. Zet het vuur uit en schep het vet van het oppervlak van de bouillon. Hanaar debijkip uit de soep. Wanneer de kip voldoende is afgekoeld om te hanteren, haalt u het vlees van het bot en versnippert u het.

f) Gooi de schil weg als je dat liever hebt (hoewel ik hem graag fijn hak en ook gebruik) en doe het vlees terug in de bouillon. Proef de soep en pas het zout aan indien nodig. Heet opdienen.

g) Bewaar maximanaar de5 dagen in de koelkast, afgedekt, of maximanaar de2 maanden in de vriezer.

37.Adas Polo o Morgh Kip met Linzenrijst

INGREDIËNTEN:
- 4 pond kip; of 8 bot-in, huid-op-dijen
- Zout
- 1 theelepel plus 1 eetlepel gemalen komijn
- Extra vergine olijfolie
- 3 eetlepels ongezouten boter
- 2 middelgrote gele uien, in dunne plakjes gesneden
- 2 laurierblaadjes
- Klein snufje saffraandraadjes
- 2 1/2 kopjes basmatirijst, ongespoeld
- 1 kop zwarte of gouden rozijnen
- 6 Medjoul dadels, ontpit en in vieren gesneden
- 4 1/2 kopjes kippenbouillon of water
- 1 1/2 kopjes gekookte, uitgelekte bruine of groene linzen (vanaf ongeveer 3/4 kopje rauw)

INSTRUCTIES:

a) Bereid de kip voor het koken voor. Als u een hele vogel gebruikt, snijd deze dan in vieren en bewaar het karkas voor uw volgende partij kippenbouillon. Kruid royanaar demet zout en 1 theelepel komijn aan bijkanten. Zet de kip in de koelkast als je hem meer dan een uur van tevoren op smaak brengt; laat het anders op het aanrecht liggen.

b) Wikkel het deksel van een grote braadpan of soortgelijke pan in met een theedoek die met een rubberen band aan het handvat is vastgemaakt. Hierdoor wordt de stoom geabsorbeerd en wordt voorkomen dat deze condenseert en terug op de kip druppelt, waardoor de huid drassig wordt.

c) Zet de Nederlandse oven op middelhoog vuur en voeg olijfolie toe om de bodem van de pan te bedekken. Bak de kip in twee porties bruin, zodat de pan niet te vol wordt. Begin met de velzijde naar beneden en draai en draai de kip rond de pan, zodat hij aan beide kanten gelijkmatig bruin wordt, ongeveer 4 minuten per kant. Hanaar deuit de pan en zet opzij. Gooi het vet voorzichtig weg.

d) Zet de pan terug op middelhoog vuur en smelt de boter. Voeg de uien, komijn, laurierblaadjes, saffraan en een snufje zout toe en kook naar deroerend tot ze bruin en zacht zijn, ongeveer 25 minuten.

e) Verhoog het vuur tot middelhoog en voeg de rijst toe aan de pan en rooster naar deroerend tot hij een lichtgouden kleur krijgt. Voeg de rozijnen en dadels toe en laat ze een minuutje bakken tot ze wat mollig beginnen te worden.

f) Giet de bouillon en de linzen erbij, zet het vuur hoog en breng aan de kook. Breng royanaar deop smaak met zout en breng op smaak. Om de rijst goed op smaak te krijgen, moet je de vloeistof zo zout maken dat je er een beetje ongemakkelijk van wordt; het moet zouter zijn dan de zoutste soep die je ooit hebt geproefd. Zet het vuur lager en nestel de kip met het vel naar boven. Dek de pan af en kook gedurende 40 minuten op laag vuur.

g) Zet na 40 minuten het vuur uit en laat de pan afgedekt nog 10 minuten staan om door te stomen. Verwijder het deksel en maak de rijst los met een vork. Serveer onmiddellijk met Perzische Kruiden- en Komkommeryoghurt.

38. Kip met Azijn

INGREDIËNTEN:
- 4 pond kip
- Zout
- Vers gemalen zwarte peper
- 1/2 kopje bloem voor bijdoeleinden
- Extra vergine olijfolie
- 3 eetlepels ongezouten boter
- 2 middelgrote gele uien, in dunne plakjes gesneden
- 3/4 kopje droge witte wijn
- 6 eetlepels witte wijnazijn
- 2 eetlepels dragonblaadjes, fijngehakt
- 1/2 kopje slagroom of crème fraîche

INSTRUCTIES:

a) Bereid de kip voor het koken voor. Snijd de vogel in 8 stukken en bewaar het karkas voor je volgende portie kippenbouillon. Kruid rijkelijk met zout en versgemalen zwarte peper. Zet de kip in de koelkast als je hem meer dan een uur van tevoren op smaak brengt; laat het anders op het aanrecht liggen.

b) Doe de bloem in een ondiepe kom of taartvorm en breng op smaak met een flinke snuf zout. Hanaar dede stukjes kip door de bloem, schud het overtollige eraf en leg ze in een enkele laag op een rooster of op een met bakpapier beklede bakplaat.

c) Zet een grote koekenpan of braadpan op middelhoog vuur en voeg net genoeg olijfolie toe om de pan te bedekken. Bak de kip in twee porties bruin, zodat de pan niet te vol wordt. Begin met de velzijde naar beneden en draai en draai de kip rond de pan, zodat hij aan beide kanten gelijkmatig bruin wordt, ongeveer 4 minuten per kant. Leg de gebruinde kip op een bakplaat, gooi het vet voorzichtig weg en veeg de pan schoon.

d) Zet de pan terug op middelhoog vuur en smelt de boter. Voeg de uien toe, breng op smaak met zout en roer. Kook de uien, af en toe roerend, tot ze zacht en bruin zijn, ongeveer 25 minuten.

e) Zet het vuur hoog, voeg de wijn en azijn toe en schraap de pan schoon met een houten lepel om te blussen. Voeg de helft van de dragon toe en roer. Doe de kip met het vel naar boven terug in de pan en zet het vuur lager. Zet een deksel op de pan en laat groenter sudderen. Verwijder de borsten als ze gaar zijn, na ongeveer 12 minuten, maar laat het donkere vlees doorkoken tot het zacht is tot op het bot, in totanaar de35 tot 40 minuten.

f) Leg de kip op een schaal, zet het vuur hoger en voeg de room of crème fraîche toe. Laat de saus aan de kook komen en indikken. Proef en breng de saus op smaak met zout, peper en eventueel nog wat azijn om de saus op smaak te brengen. Voeg de resterende dragon toe en schep over de kip om te serveren.

39. Geglazuurde vijfkruidenkip

INGREDIËNTEN:
- 4 pond kip of 8 botten, kippendijen met vel
- Zout
- 1/4 kop sojasaus
- 1/4 kop donkerbruine suiker
- 1/4 kop mirin (rijstwijn)
- 1 theelepel geroosterde sesamolie
- 1 eetlepel fijn geraspte gember
- 4 teentjes knoflook, fijn geraspt of gestampt met een snufje zout
- 1/2 theelepel Chinees vijfkruidenpoeder
- 1/4 theelepel cayennepeper
- 1/4 kop grof gehakte korianderblaadjes en zachte stengels
- 4 lente-uitjes, groene en witte delen in reepjes

INSTRUCTIES:

a) Bereid de kip de dag voordat je wilt koken. Als u een hele kip gebruikt, snijdt u de vogel in 8 stukken en bewaart u het karkas voor uw volgende partij kippenbouillon. Kruid de kip lichtjes met zout en laat hem 30 minuten staan. Houd er rekening mee dat de marinade voor het grootste deel bestaat uit sojasaus, die zout is, dus gebruik slechts ongeveer de helft van de hoeveelheid zout die je anders zou gebruiken.

b) Klop ondertussen de sojasaus, bruine suiker, mirin, sesamolie, gember, knoflook, vijfkruiden en cayennepeper door elkaar. Doe de kip in een hersluitbare plastic zak en giet de marinade erin. Sluit de zak en druk de marinade eromheen, zodat bijkip gelijkmatig bedekt is. Zet een nacht in de koelkast.

c) Hanaar dede kip een paar uur voordat je hem gaat bereiden uit de koelkast en laat hem op kamertemperatuur komen. Verwarm de oven voor op 400 ° F.

d) Om te koken plaatst u de kip met de velkant naar boven in een ondiepe braadslede van 20 bij 30 cm en giet u de marinade over het vlees. De marinade moet de bodem van de pan royanaar debedekken. Als dit niet het gevnaar deis, voeg dan 2 eetlepels water toe om een gelijkmatige dekking te garanderen en verbranding te voorkomen. Schuif in de oven en draai de pan elke 10 tot 12 minuten.

e) Verwijder de borsten, indien gebruikt, na 20 minuten koken, om overkoken te voorkomen. Ga door met het koken van donker vlees gedurende nog eens 20 tot 25 minuten, tot het zacht is tot op het bot, of in totanaar de45 minuten.

f) Wanneer het donkere vlees gaar is, doe je de borsten terug in de pan en zet je de oven op 450 ° F om de saus te laten inkoken en de schil donkerbruin en knapperig te laten worden, ongeveer 12 minuten. Bestrijk de kip elke 3 tot 4 minuten met de marinade uit de pan om ze te laten glanzen.

g) Serveer warm, gegarneerd met koriander en geraspte lente-uitjes.

h) Bedek de restjes en bewaar ze maximanaar de3 dagen in de koelkast.

40. In karnemelk gemarineerde gebraden kip

INGREDIËNTEN:
- 3 1/2 tot 4 pond kip
- Zout
- 2 kopjes karnemelk

INSTRUCTIES:
a) De dag voordat u de kip wilt koken, verwijdert u de vleugeltips door het eerste vleugelgewricht door te snijden met een gevogelteschaar of een scherp mes. Reserveren voor voorraad. Breng het royanaar deop smaak met zout en laat het 30 minuten staan.
b) Roer 2 eetlepels koosjer zout of 4 theelepels fijn zeezout door de karnemelk om op te lossen. Plaats de kip in een hersluitbare plastic zak ter grootte van een gallon en giet de karnemelk erbij. Als de kip niet in een zak van gallonformaat past, verdubbel dan twee plastic zakken met producten om lekkage te voorkomen en bind de zak vast met een stuk touw.
c) Sluit het af, druk de karnemelk rondom de kip, plaats het op een omrand bord en zet het in de koelkast. Als je daar zin in hebt, kun je de zak de komende 24 uur omdraaien, zodat elk deel van de kip gemarineerd wordt, maar dat is niet essentieel.
d) Hanaar dede kip een uur voordat je hem gaat koken uit de koelkast. Verwarm de oven voor op 425 ° F, met een rek in de middenpositie.
e) Hanaar dede kip uit de plastic zak en schraap zoveel mogelijk karnemelk eraf, zonder obsessief te worden. Bind de poten van de kip stevig samen met een stuk slagerstouw. Plaats de kip in een gietijzeren koekenpan van 25 cm of een ondiepe braadpan.
f) Schuif de pan helemanaar denaar de achterkant van de oven op het middelste rek. Draai de pan zo dat de poten naar de linkerachterhoek wijzen en de borst naar het midden van de oven wijst (de achterste hoeken zijn meestnaar dede heetste plekken in de oven, dus deze richting beschermt de borst tegen overkoken vóór de poten zijn klaar). Naar desnel hoor je de kip sissen.
g) Na ongeveer 20 minuten, wanneer de kip bruin begint te worden, zet je het vuur lager tot 200°C en ga je door met braden gedurende

10 minuten. Verplaats dan de pan zodat de poten naar de rechterachterhoek van de oven wijzen.

h) Ga door met koken voor nog eens ongeveer 30 minuten, totdat de kip helemanaar debruin is en de sappen helder zijn als je een mes tot op het bot tussen het been en de dij steekt.

i) Als de kip klaar is, leg je hem op een schanaar deen laat je hem 10 minuten rusten voordat je hem aansnijdt en serveert.

41.Siciliaanse kipsalade

INGREDIËNTEN:
- 1/2 middelgrote rode ui, in blokjes gesneden
- 1/4 kopje rode wijnazijn
- 1/2 kop krenten
- 5 kopjes versnipperd geroosterd of gepocheerd kippenvlees (van ongeveer 1 gebraden kip)
- 1 kopje stijve Aïoli
- 1 theelepel fijn geraspte citroenschil
- 2 eetlepels citroensap
- 3 eetlepels fijngehakte peterselieblaadjes
- 1/2 kopje pijnboompitten, licht geroosterd
- 2 kleine stengels bleekselderij, in blokjes gesneden
- 1/2 middelgrote venkelknol, in blokjes gesneden (ongeveer 1/2 kop)
- 2 theelepels gemalen venkelzaad
- Zout

INSTRUCTIES:

a) Combineer de ui en de azijn in een kleine kom en laat 15 minuten staan om te macereren.

b) Dompel de krenten in een aparte kleine kom onder in kokend water. Laat ze 15 minuten zitten om te rehydrateren en op te vullen. Giet af en doe het in een grote kom.

c) Voeg de kip, aïoli, citroenschil, citroensap, peterselie, pijnboompitten, bleekselderij, venkelknol, venkelzaad en twee flinke snufjes zout toe aan de krenten en roer alles door elkaar. Roer de gemacereerde uien erdoor (maar niet de azijn) en proef. Pas het zout aan en voeg indien nodig azijn toe.

d) Serveer op geroosterde sneetjes knapperig brood, of gewikkeld in blaadjes romaine sla of Little Gem-sla.

VLEES

42. Pittige Gepekelde Kalkoenborst

INGREDIËNTEN:
- 3/4 kop koosjer zout of 1/2 kop (4 1/4 ounces) fijn zeezout
- 1/3 kopje suiker
- 1 kop knoflook, kruiselings gehalveerd
- 1 theelepel zwarte peperkorrels
- 2 eetlepels rode pepervlokken
- 1/2 theelepel gemalen cayennepeper
- 1 citroen
- 6 laurierblaadjes
- 1 halve borst kalkoen zonder bot, ongeveer 3 1/2 pond
- Extra vergine olijfolie

INSTRUCTIES:
a) Doe het zout, de suiker, de knoflook, de perperkorrels, de pepervlokken en de cayennepeper in een grote pan met 4 kopjes water. Gebruik een dunschiller om de citroenschil te verwijderen en halveer vervolgens de citroen. Knijp het sap uit in de pan en voeg de citroenhelften en -rasp toe. Breng aan de kook en laat het vervolgens zachtjes koken, terwijl je af en toe roert. Wanneer het zout en de suiker zijn opgelost, hanaar deje het van het vuur en voeg je 8 kopjes koud water toe. Laat de pekel afkoelen tot kamertemperatuur. Als de kalkoenmals (de lange strook wit vlees aan de onderkant van de borst) nog vastzit, verwijder deze dan door hem eraf te trekken. Dompel de kalkoenfilet onder in de pekel en zet hem een nacht of maximanaar de24 uur in de koelkast.

b) Hanaar detwee uur voor het koken de borst en de mals, indien gebruikt, uit de pekel en laat op kamertemperatuur staan.

c) Verwarm de oven voor op 425 ° F. Zet een grote gietijzeren pan of een andere ovenvaste koekenpan op hoog vuur op het vuur. Zodra het warm is, voeg je een eetlepel olijfolie toe en plaats je de borst in de pan, met het vel naar beneden. Zet het vuur middelhoog en bak de borst gedurende 4 tot 5 minuten bruin, totdat de huid wat kleur begint aan te nemen. Gebruik een tang om de borst om te draaien, zodat de huid naar boven ligt, plaats de mals in de pan naast de borst en schuif de pan in de oven, duw hem zo ver mogelijk naar achteren. Dit is de heetste plek in de oven en de eerste hittestoot zorgt ervoor dat de kalkoen prachtig bruin wordt.

d) Hanaar dede mals uit de pan wanneer deze op het dikste punt 150 ° F aangeeft op een direct afleesbare thermometer, ongeveer 12 minuten.

e) Controleer op dit moment ook de temperatuur van de borst op een paar verschillende plaatsen, gewoon om een idee te krijgen waar deze is. Ga door met het koken van de borst nog eens 12 tot 18 minuten, totdat deze op het dikste punt 150 ° F registreert. (De interne temperatuur begint snel te stijgen zodra deze 130 ° F bereikt, dus loop niet te ver weg van de oven en controleer de borst elke paar minuten.) Hanaar dehem uit de oven en de pan en laat hem rusten op minstens 10 minuten vóór het snijden.

Om te serveren, snijdt u schuin tegen de draad in (kruislings).

43.Varkensvlees gestoofd met chilipepers

INGREDIËNTEN:
- 4 pond varkensschouder zonder been (soms varkenskont genoemd)
- Zout
- 1 knoflookkop
- Neutranaar desmakende olie
- 2 middelgrote gele uien, in plakjes gesneden
- 2 kopjes geplette tomaten in hun sap, vers of ingeblikt
- 2 eetlepels komijnzaad (of 1 eetlepel gemalen komijn)
- 2 laurierblaadjes
- 8 gedroogde pepers, zoals Guajillo, New Mexico, Anaheim of ancho, gesteeld, gezaaid en gespoeld
- Optioneel: Voeg voor een vleugje rokerigheid 1 eetlepel gerookte paprika of 2 gerookte paprika's zoals chipotle Morita of Pasilla de Oaxaca toe aan de stoofpot
- 2 tot 3 kopjes pilsbier of pilsbier
- 1/2 kop grof gehakte koriander voor garnering

INSTRUCTIES:

a) Kruid het varkensvlees de dag voordat u gaat koken royanaar demet zout. Dek af en koel.

b) Als je klaar bent om te koken, verwarm de oven dan voor op 325 ° F. Verwijder eventuele wortels van de knoflookbol en snijd deze vervolgens kruislings doormidden. (Maak je geen zorgen over het toevoegen van de schillen aan de stoofpot; ze zullen aan het eind uitgerekt raken. Als je me niet vertrouwt, ga je gang en pel de hele bol knoflook – ik probeer je alleen wat te besparen. tijd en moeite.)

c) Zet een grote, ovenvaste Nederlandse oven of soortgelijke pan op middelhoog vuur. Als het warm is, voeg je 1 eetlepel olie toe. Wanneer de olie glinstert, plaats je het varkensvlees in de pan. Bak het aan bijkanten gelijkmatig bruin, ongeveer 3 tot 4 minuten per kant.

d) Als het vlees bruin is, hanaar deje het eruit en zet je het opzij. Hanaar devoorzichtig zoveel mogelijk vet uit de pan en zet het dan terug op het fornuis. Zet het vuur middelhoog en voeg 1 eetlepel neutrale olie toe. Voeg de uien en knoflook toe en kook, onder af en toe roeren, tot de uien zacht en lichtbruin zijn, ongeveer 15 minuten.

e) Voeg de tomaten en het sap, komijn, laurierblaadjes, gedroogde pepers en gerookte paprika of paprika, indien gebruikt, toe aan de pan en roer. Leg het varkensvlees bovenop de aromatische basis en voeg voldoende bier toe om 3,5 cm boven de zijkanten van het vlees te komen. Zorg ervoor dat de paprika's en laurierblaadjes grotendeels ondergedompeld zijn in de sappen, zodat ze niet verbranden.

f) Verhoog het vuur en breng aan de kook op het fornuis en schuif de pan, onafgedekt, in de oven. Controleer na 30 minuten of de vloeistof nog maar net kookt. Draai het varkensvlees ongeveer elke 30 minuten om en controleer het vloeistofniveau. Voeg indien nodig meer bier toe om de vloeistof op een diepte van 1 1/2 inch te houden. Kook tot het vlees zacht is en uit elkaar valt met een aanraking van een vork, 3 1/2 tot 4 uur.

g) Hanaar dehet gekookte varkensvlees uit de oven en hanaar dehet voorzichtig uit de pan. Gooi de laurierblaadjes weg, maar maak je geen zorgen over het uitvissen van de knoflook, want de zeef znaar dede schil opvangen. Pureer de aromaten met een voedselmolen, blender of keukenmachine en zeef ze door een zeef. Gooi de vaste stoffen weg.

h) Schep het vet uit de saus en proef, en pas eventueel het zout aan.

i) Op dit punt kun je het vlees versnipperen en combineren met de saus om varkenstaco's te maken, of het in plakjes snijden en de saus over het varkensvlees scheppen om het als voorgerecht te serveren. Garneer met gehakte koriander en serveer met een zure smaakmaker, zoals Mexicaanse crema, Mexicaans-achtige kruidensaus of een simpel scheutje limoen.

j) Bedek en bewaar restjes gedurende maximanaar de5 dagen. Gestoofd vlees laat zich uitzonderlijk goed invriezen. Gewoon onderdompelen in kookvloeistof, afdekken en maximanaar de2 maanden invriezen. Om te serveren, breng je de stoofpot met een scheutje water weer aan de kook op het fornuis.

44.Kufte Kebab

INGREDIËNTEN:
- 1 grote snuf saffraan
- 1 grote gele ui, grof geraspt
- 1 1/2 pond gemalen lamsvlees (bij voorkeur schoudervlees)
- 3 teentjes knoflook, fijn geraspt of gestampt met een snufje zout
- 1 1/2 theelepel gemalen kurkuma
- 6 eetlepels zeer fijngehakte peterselie, munt en/of koriander in elke combinatie
- Vers gemalen zwarte peper
- Zout

INSTRUCTIES:

a) Gebruik de saffraan om saffraanthee te maken. Duw de ui door een zeef, druk er zoveel mogelijk vloeistof uit en gooi de vloeistof weg.

b) Doe de saffraanthee, ui, lamsvlees, knoflook, kurkuma, kruiden en een snufje zwarte peper in een grote kom. Voeg drie flinke snufjes zout toe en kneed het mengsel met je handen door elkaar. Je handen zijn hierbij waardevolle hulpmiddelen; je lichaamswarmte doet het vet een beetje smelten, waardoor het mengsel aan elkaar blijft plakken en minder kruimelige kebabs ontstaan. Kook een klein stukje van het mengsel in een koekenpan en proef naar zout en andere smaakmakers. Pas indien nodig aan en kook indien nodig een tweede stuk en proef opnieuw.

c) Zodra het mengsel naar jouw smaak is gekruid, maak je je handen vochtig en begin je langwerpige, driezijdige gehaktballetjes te vormen door je vingers voorzichtig rond 2 eetlepels van het mengsel te krullen. Leg de kleine torpedo's op een met bakpapier beklede bakplaat.

d) Om te koken gril je de kebabs boven hete kolen tot ze aan de buitenkant heerlijk verkoold zijn en van binnen nauwelijks gaar zijn, ongeveer 6 tot 8 minuten. Draai ze vaak zodra ze bruin beginnen te worden, zodat ze een gelijkmatige korst krijgen. Wanneer ze klaar zijn, moeten de kebabs stevig aanvoelen, maar in het midden een beetje meegeven als ze worden samengedrukt. Als je niet zeker weet of ze gaar zijn, knip er dan één open en controleer: als er een roze ring ter grootte van een dubbeltje zit, omringd door een bruine ring, is het klaar!

e) Om binnenshuis te koken, zet u een gietijzeren koekenpan op hoog vuur, voegt u net voldoende olijfolie toe om de bodem van de pan te bedekken en kookt u de pan gedurende 6 tot 8 minuten, waarbij u de pan slechts één keer aan elke kant omdraait.

f) Serveer onmiddellijk of op kamertemperatuur, met Perzische rijst en Perzische kruidenyoghurt, of Geschoren Wortelsalade met Gember, Limoen en Charmoula.

SAUZEN

45.Basis Saus Groente

INGREDIËNTEN:
- 3 eetlepels fijngesneden sjalot (ongeveer 1 middelgrote sjalot)
- 3 eetlepels rode wijnazijn
- 1/4 kop zeer fijngehakte peterselieblaadjes
- 1/4 kop extra vergine olijfolie
- Zout

INSTRUCTIES:
a) Meng de sjalot en de azijn in een kleine kom en laat 15 minuten staan om te macereren.
b) Meng in een aparte kleine kom peterselie, olijfolie en een flinke snuf zout.
c) Voeg vlak voor het serveren met een schuimspaan de sjalot (maar nog niet de azijn) toe aan de peterselieolie. Roer, proef en voeg indien nodig azijn toe. Proef en pas het zout aan. Serveer onmiddellijk.
d) Bedek de restjes en bewaar ze maximanaar de3 dagen in de koelkast.

46. Gebakken Salie Saus Groente

INGREDIËNTEN:
- Basis Saus Groente
- 24 salieblaadjes
- Ongeveer 2 kopjes neutranaar desmakende olie om te frituren

INSTRUCTIES:
a) Volg de instructies voor het frituren van salie.
b) Verkruimel vlak voor het serveren de salie door de saus. Proef en pas de saus aan op zout en zuur.
c) Dek de restjes af en bewaar ze maximanaar de3 dagen in de koelkast.

47.Klassieke Franse kruidensaus

INGREDIËNTEN:
- 3 eetlepels fijngesneden sjalot (ongeveer 1 middelgrote sjalot)
- 3 eetlepels witte wijnazijn
- 2 eetlepels zeer fijngehakte peterselieblaadjes
- 1 eetlepel zeer fijngehakte kervel
- 1 eetlepel zeer fijn gesneden bieslook
- 1 eetlepel zeer fijngehakte basilicum
- 1 theelepel zeer fijngehakte dragon
- 5 eetlepels extra vergine olijfolie
- Zout

INSTRUCTIES:
a) Meng de sjalot en de azijn in een kleine kom en laat 15 minuten staan om te macereren.
b) Meng in een aparte kleine kom peterselie, kervel, bieslook, basilicum, dragon, olijfolie en een flinke snuf zout.
c) Voeg vlak voor het serveren met een schuimspaan de sjalot (maar nog niet de azijn) toe aan de kruidenolie. Roer, proef en voeg indien nodig azijn toe. Proef en pas het zout aan.
d) Bedek de restjes en bewaar ze maximanaar de3 dagen in de koelkast.

48. Mexicaans-achtige kruidensaus

INGREDIËNTEN:
- 3 eetlepels fijngesneden sjalot (ongeveer 1 middelgrote sjalot)
- 3 eetlepels limoensap
- 1/4 kop zeer fijngehakte korianderblaadjes en zachte stengels
- 1 eetlepel fijngehakte jalapeñopeper
- 2 eetlepels zeer fijngehakte lente-uitjes (groene en witte delen)
- 1/4 kopje neutranaar desmakende olie
- Zout

INSTRUCTIES:
a) Meng het sjalotten- en limoensap in een kleine kom en laat 15 minuten staan om te macereren.
b) Meng in een aparte kleine kom de koriander, jalapeño, lente-uitjes, olie en een flinke snuf zout.
c) Voeg vlak voor het serveren met een schuimspaan de sjalot (maar nog niet het limoensap) toe aan de kruidenolie. Roer, proef en voeg indien nodig limoensap toe. Proef en pas het zout aan.
d) Bedek de restjes en bewaar ze maximanaar de3 dagen in de koelkast.

49.Zuidoost-Aziatische kruidensaus

INGREDIËNTEN:
- 3 eetlepels fijngesneden sjalot (ongeveer 1 middelgrote sjalot)
- 3 eetlepels limoensap
- 1/4 kop zeer fijngehakte korianderblaadjes en zachte stengels
- 1 eetlepel fijngehakte jalapeñopeper
- 2 eetlepels zeer fijngehakte lente-ui (groene en witte delen)
- 2 theelepels fijn geraspte gember
- 5 eetlepels neutranaar desmakende olie
- Zout

INSTRUCTIES:

a) Meng het sjalotten- en limoensap in een kleine kom en laat het 15 minuten staan om te macereren.

b) Meng in een aparte kleine kom de koriander, jalapeño, lente-ui, gember, olie en een flinke snuf zout.

c) Voeg vlak voor het serveren met een schuimspaan de sjalot (maar nog niet het limoensap) toe aan de kruidenolie. Roer, proef en voeg indien nodig limoensap toe. Proef en pas het zout aan.

d) Bedek de restjes en bewaar ze maximanaar de3 dagen in de koelkast.

50.Japans-achtige kruidensaus

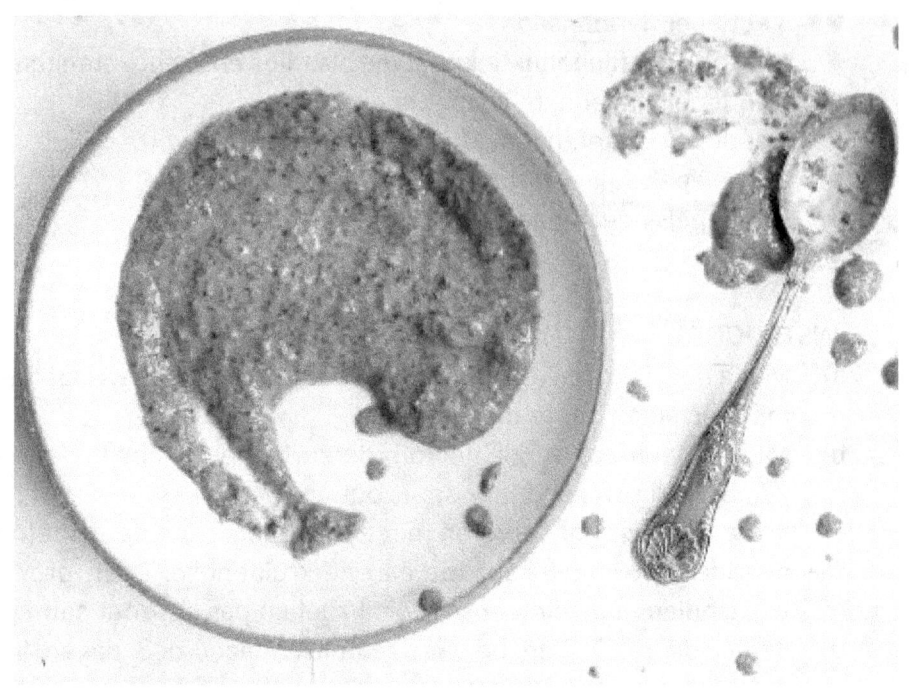

INGREDIËNTEN:
- 2 eetlepels zeer fijngehakte peterselieblaadjes
- 2 eetlepels zeer fijngehakte korianderblaadjes en zachte stengels
- 2 eetlepels zeer fijngehakte lente-ui (groene en witte delen)
- 1 theelepel fijn geraspte gember
- 1/4 kopje neutranaar desmakende olie
- 1 eetlepel sojasaus
- 3 eetlepels gekruide rijstwijnazijn
- Zout

INSTRUCTIES:
a) Meng in een kleine kom de peterselie, koriander, lente-ui, gember, olie en sojasaus. Voeg vlak voor het serveren de azijn toe. Roer, proef en pas indien nodig zout en zuur aan.
b) Bedek de restjes en bewaar ze maximanaar de3 dagen in de koelkast.

51. Meyer Citroensaus

INGREDIËNTEN:
- 1 kleine Meyer-citroen
- 3 eetlepels fijngesneden sjalot (ongeveer 1 middelgrote sjalot)
- 3 eetlepels witte wijnazijn
- 1/4 kop zeer fijngehakte peterselieblaadjes
- 1/4 kop extra vergine olijfolie
- Zout

INSTRUCTIES:
a) Snijd de citroen in de lengte in kwarten en verwijder vervolgens het centrale membraan en de zaden. Snijd de schoongemaakte citroen in fijne blokjes, inclusief het merg en de schil. Meng in een kleine kom de stukjes citroen en eventueel sap dat je kunt bewaren met de sjalot en de azijn. Laat 15 minuten staan om te macereren.
b) Meng in een aparte kleine kom de peterselie, de olijfolie en een flinke snuf zout.
c) Gebruik voor het serveren een schuimspaan om het Meyer-citroen-sjalottenmengsel (maar nog niet de azijn) aan de kruidenolie toe te voegen. Proef en pas indien nodig aan naar zout en zuur.
d) In de koelkast, afgedekt, maximanaar de3 dagen bewaren.

52. Noord-Afrikaanse Charmoula

INGREDIËNTEN:

- 1/2 theelepel komijnzaad
- 1/2 kop extra vergine olijfolie
- 1 kop grof gehakte korianderblaadjes en zachte stengels
- 1 teentje knoflook
- Een stukje gember van 1 inch, geschild en in plakjes gesneden
- 1/2 kleine jalapeñopeper, zonder steel
- 4 theelepels limoensap
- Zout

INSTRUCTIES:

a) Doe het komijnzaad in een kleine, droge koekenpan en zet op middelhoog vuur. Draai de pan voortdurend rond om een gelijkmatig roosteren te garanderen. Rooster tot de eerste paar zaadjes beginnen te ploffen en een hartig aroma afgeven, ongeveer 3 minuten. Hanaar devan het vuur. Dump de zaden onmiddellijk in de kom van een vijzel of een kruidenmolen. Manaar defijn met een snufje zout.

b) Doe de olie, geroosterde komijn, koriander, knoflook, gember, jalapeño, limoensap en 2 flinke snufjes zout in een blender of keukenmachine. Meng tot er geen stukjes of hele bladeren meer over zijn. Proef en pas zout en zuur aan. Voeg indien nodig water toe om te verdunnen tot de gewenste consistentie. Dek af en zet in de koelkast tot het serveren.

c) Bedek de restjes en bewaar ze maximanaar de3 dagen in de koelkast.

53. Indiase kokos-korianderchutney

INGREDIËNTEN:
- 1 theelepel komijnzaad
- 2 eetlepels limoensap
- 1/2 kopje verse of bevroren geraspte kokosnoot
- 1 tot 2 teentjes knoflook
- 1 kopje korianderblaadjes en zachte stengels (van ongeveer 1 bosje)
- 12 verse muntblaadjes
- 1/2 jalapeñopeper, zonder steel
- 3/4 theelepel suiker
- Zout

INSTRUCTIES:
a) Doe het komijnzaad in een kleine, droge koekenpan en zet op middelhoog vuur. Draai de pan voortdurend rond om een gelijkmatig roosteren te garanderen. Rooster tot de eerste paar zaadjes beginnen te ploffen en een hartig aroma afgeven, ongeveer 3 minuten. Hanaar devan het vuur. Dump de zaden onmiddellijk in de kom van een vijzel of een kruidenmolen. Manaar defijn met een snufje zout.
b) Pureer het limoensap, de kokosnoot en de knoflook gedurende 2 minuten in een blender of keukenmachine tot er geen grote stukken meer over zijn. Voeg de geroosterde komijn, koriander, muntblaadjes, jalapeño, suiker en een flinke snuf zout toe en blijf nog 2 tot 3 minuten mixen, totdat er geen stukjes of hele bladeren meer over zijn. Proef en pas zout en zuur aan. Voeg indien nodig water toe om het te verdunnen tot een motregenbare consistentie. Dek af en zet in de koelkast tot het serveren.
c) Bedek de restjes en bewaar ze maximanaar de3 dagen in de koelkast.

54. Salmoriglio Siciliaanse oreganosaus

INGREDIËNTEN:
- 1/4 kop zeer fijngehakte peterselie
- 2 eetlepels zeer fijngehakte verse oregano of marjolein of 1 eetlepel gedroogde oregano
- 1 teentje knoflook, fijn geraspt of gestampt met een snufje zout
- 1/4 kop extra vergine olijfolie
- 2 eetlepels citroensap
- Zout

INSTRUCTIES:
a) Meng de peterselie, oregano, knoflook en olijfolie in een kleine kom met een flinke snuf zout. Voeg vlak voor het serveren het citroensap toe.
b) Roer, proef en pas aan voor zout en zuur. Serveer onmiddellijk.
c) In de koelkast, afgedekt, maximanaar de3 dagen bewaren.

55. Kruidige Yoghurt

INGREDIËNTEN:
- 1 1/2 kopjes yoghurt
- 1 teentje knoflook, fijn geraspt of gestampt met een snufje zout
- 2 eetlepels fijngehakte peterselie
- 2 eetlepels fijngehakte korianderblaadjes en zachte stengels
- 8 muntblaadjes, fijngehakt
- 2 eetlepels extra vergine olijfolie
- Zout

INSTRUCTIES:
a) Meng in een middelgrote kom de yoghurt, knoflook, peterselie, koriander, muntblaadjes en olijfolie met een flinke snuf zout.
b) Roer, proef en breng indien nodig op smaak met zout. Dek af en laat afkoelen tot serveren.
c) Bedek de restjes en bewaar ze maximanaar de3 dagen in de koelkast.

56.Perzische kruiden- en komkommeryoghurt

INGREDIËNTEN:
- 1/4 kop zwarte of gouden rozijnen
- 1 1/2 kopjes yoghurt
- 1 Perzische komkommer, geschild en in fijne blokjes gesneden
- 1/4 kop elke combinatie fijngehakte verse muntblaadjes, dille, peterselie en koriander
- 1 teentje knoflook, fijn geraspt of gestampt met een snufje zout
- 1/4 kopje geroosterde walnoten, grof gehakt
- 2 eetlepels extra vergine olijfolie
- Een flinke snuf zout
- Optioneel: gedroogde rozenblaadjes ter garnering

INSTRUCTIES:
a) Dompel de rozijnen in een kleine kom in kokend water. Laat ze 15 minuten zitten om te rehydrateren en op te vullen. Giet af en doe het in een middelgrote kom.
b) Voeg de yoghurt, komkommer, kruiden, knoflook, walnoten, olijfolie en zout toe. Roer om te combineren, proef en pas het zout aan indien nodig.
c) Chill tot het serveren. Garneer indien gewenst met verkruimelde rozenblaadjes voordat u het serveert.
d) Bedek de restjes en bewaar ze maximanaar de3 dagen in de koelkast.

57.Borani Esfenaj Perzische Spinazie Yoghurt

INGREDIËNTEN:
- 4 eetlepels extra vergine olijfolie
- 2 bosjes spinazie, bijgesneden en gewassen, of 1 1/2 pond babyspinazie, gewassen
- 1/4 kop fijngehakte korianderblaadjes en zachte stengels
- 1 tot 2 teentjes knoflook, fijn geraspt of gestampt met een snufje zout
- 1 1/2 kopjes yoghurt
- Zout
- 1/2 theelepel citroensap

INSTRUCTIES:
a) Verhit een grote koekenpan op hoog vuur, voeg 2 eetlepels olijfolie toe en voeg, als het glinstert, de spinazie toe en bak tot deze net geslonken is, ongeveer 2 minuten. Afhankelijk van de grootte van de pan kan het zijn dat je dit in twee batches moet doen. Hanaar dede gekookte spinazie onmiddellijk uit de pan en plaats deze in een enkele laag op een bakplaat bekleed met bakpapier. Dit voorkomt dat de spinazie te gaar wordt en verkleurt.
b) Als de spinazie koel genoeg is om te hanteren, knijp je naar dehet water eruit met je handen en hak je hem fijn.
c) Meng in een middelgrote kom de spinazie, koriander, knoflook, yoghurt en de resterende 2 eetlepels olijfolie. Breng op smaak met zout en citroensap. Roer, proef en pas indien nodig zout en zuur aan. Chill tot het serveren.
d) Bedek de restjes en bewaar ze maximanaar de3 dagen in de koelkast.

58.Mast-o-Laboo Perzische bietenyoghurt

INGREDIËNTEN:
- 3 tot 4 middelgrote rode of gouden bieten, bijgesneden
- 1 1/2 kopjes yoghurt
- 2 eetlepels fijngehakte verse munt
- Optioneel: 1 theelepel fijngehakte verse dragon
- 2 eetlepels extra vergine olijfolie
- Zout
- 1 tot 2 theelepels rode wijnazijn
- Optioneel: Nigellazaad (zwarte komijn) ter garnering

INSTRUCTIES:
a) Rooster en schil de bieten. Laat afkoelen.
b) Rasp de bieten grof en roer ze door de yoghurt. Voeg de munt, dragon (indien gebruikt) olijfolie, zout en 1 theelepel rode wijnazijn toe. Roer en proef. Pas zout en zuur indien nodig aan. Chill tot het serveren. Garneer indien gewenst met nigellazaadjes voor het serveren.
c) Bedek de restjes en bewaar ze maximanaar de3 dagen in de koelkast.

59.Basis Mayonaise

INGREDIËNTEN:
- 1 eidooier op kamertemperatuur
- 3/4 kopje olie

INSTRUCTIES:

a) Doe de eierdooier in een diepe, middelgrote metalen of keramische kom. Maak een theedoek vochtig, rol deze op tot een lang stuk hout en vorm er een ring van op het aanrecht. Plaats de kom in de ring; hierdoor blijft de kom op zijn plaats terwijl u klopt. (En als met de hand kloppen simpelweg geen optie is, gebruik dan gerust een blender, keukenmixer of keukenmachine.)

b) Gebruik een pollepel of fles met een spuitmondje om de olie druppel voor druppel in de olie te laten druppelen, terwijl je de olie door de dooier klopt. Gaan. Echt. Langzaam. En stop niet met kloppen. Zodra je ongeveer de helft van de olie hebt toegevoegd, kun je in één keer beginnen met het toevoegen van nog een beetje olie. Als de mayonaise zo dik wordt dat het onmogelijk is om te kloppen, voeg dan een theelepel water toe (of welk zuur je later ook wilt toevoegen) om de mayonaise te helpen verdunnen.

c) Bedek de restjes en bewaar ze maximanaar de3 dagen in de koelkast.

60. Klassieke Sandwich Mayo

INGREDIËNTEN:
- 1 1/2 theelepel appelazijn
- 1 theelepel citroensap
- 3/4 theelepel geel mosterdpoeder
- 1/2 theelepel suiker
- Zout
- 3/4 kop stijve basismayonaise

INSTRUCTIES:
a) Meng in een kleine kom de azijn en het citroensap en roer om het mosterdpoeder, de suiker en een flinke snuf zout op te lossen. Roer het mengsel door de mayonaise.
b) Proef en pas indien nodig zout en zuur aan. Dek af en laat afkoelen tot serveren.
c) Bedek de restjes en bewaar ze maximanaar de3 dagen in de koelkast.

61. Aïoli Knoflook Mayonaise

INGREDIËNTEN:
- Zout
- 4 theelepels citroensap
- 3/4 kop stijve basismayonaise
- 1 teentje knoflook, fijn geraspt of gestampt met een snufje zout

INSTRUCTIES:
a) Los een flinke snuf zout op in het citroensap. Roer de mayonaise erdoor en voeg de knoflook toe.
b) Proef en pas indien nodig zout en zuur aan. Dek af en laat afkoelen tot serveren.
c) Bedek de restjes en bewaar ze maximanaar de3 dagen in de koelkast.

62.Kruidenmayonaise

INGREDIËNTEN:
- Zout
- 3/4 kop stijve basismayonaise
- 1 eetlepel citroensap
- 4 eetlepels elke combinatie zeer fijngehakte peterselie, bieslook, kervel, basilicum en dragon
- 1 teentje knoflook, fijn geraspt of gestampt met een snufje zout

INSTRUCTIES:
a) Los een flinke snuf zout op in het citroensap. Roer de mayonaise erdoor en voeg kruiden en knoflook toe. Proef en pas indien nodig zout en zuur aan. Dek af en laat afkoelen tot serveren.
b) Bedek de restjes en bewaar ze maximanaar de3 dagen in de koelkast.

63. Rouille Peper Mayonaise

INGREDIËNTEN:
- Zout
- 3 tot 4 theelepels rode wijnazijn
- 3/4 kop stijve basismayonaise
- 1/3 kopje basispeperpasta
- 1 teentje knoflook, fijn geraspt of gestampt met een snufje zout

INSTRUCTIES:
a) Los een flinke snuf zout op in de azijn.
b) Roer de mayonaise erdoor, samen met de peperpasta en de knoflook.
c) In eerste instantie lijken de peperpasta en de azijn de mayonaise te verdunnen, maar na een paar uur in de koelkast wordt de saus dikker.
d) Dek af en laat afkoelen tot serveren.

64.Tartaarsaus

INGREDIËNTEN:
- 2 theelepels fijngesneden sjalot
- 1 eetlepel citroensap
- 1/2 kop stijve basismayonaise
- 3 eetlepels gehakte cornichons
- 1 eetlepel gezouten kappertjes, geweekt, gespoeld en gehakt
- 2 theelepels fijngehakte peterselie
- 2 theelepels fijngehakte kervel
- 1 theelepel fijngehakte bieslook
- 1 theelepel fijngehakte dragon
- 1 Tien minuten ei, grof gehakt of geraspt
- 1/2 theelepel witte wijnazijn
- Zout

INSTRUCTIES:

a) Laat de sjalot in een kleine kom minimanaar de15 minuten in het citroensap staan om te macereren.

b) Meng in een middelgrote kom de mayonaise, cornichons, kappertjes, peterselie, kervel, bieslook, dragon, ei en azijn. Breng op smaak met zout. Voeg de in blokjes gesneden sjalot toe, maar niet het citroensap. Roer om te combineren en proef dan. Voeg indien nodig citroensap toe, proef en pas aan voor zout en zuur. Dek af en laat afkoelen tot serveren.

c) Bedek de restjes en bewaar ze maximanaar de3 dagen in de koelkast.

d) Serveer naast in bier gehavende vis of garnalen, Fritto Misto.

e) Pepersaus

f) Pepersauzen zorgen voor geweldige specerijen, dipsauzen en broodbeleg. Veel, maar niet alle, keukens van de wereld bevatten specerijen die beginnen met een basis van peperpasta. En ze zijn niet altijd ondraaglijk pittig. Roer peperpasta door potten met bonen, rijst, soep of stoofpot om de smaak te verbeteren. Wrijf het over het vlees voordat u het braadt of grilt, of voeg wat toe aan het stoofvlees.

g) Voeg wat peperpasta toe aan de mayonaise en je hebt Franse Rouille, perfect voor op een broodje met gekonfijte tonijn. Serveer Harissa, de Noord-Afrikaanse pepersaus, naast Kufte Kebabs, gegrilde vis, vlees of groenten en gepocheerde eieren. Dikke Romesco, de Catalaanse peper- en notensaus, is een geweldige dip voor groenten en crackers.

h) Verdun het met een beetje water en het is een ideale smaakmaker voor geroosterde of gegrilde groenten, vis en vlees. Serveer Muhammara, een granaatappel-geregen walnoot-peperpasta uit Libanon, met warme flatbreads en rauwe groenten.

65. Basis Peperpasta

INGREDIËNTEN:
- 3 ons (ongeveer 10 tot 15 stuks) gedroogde pepers, zoals Guajillo, New Mexico, Anaheim of ancho
- 4 kopjes kokend water
- 3/4 kop extra vergine olijfolie
- Zout

INSTRUCTIES:
a) Als u een zeer gevoelige huid heeft, draag dan rubberen handschoenen om uw vingers te beschermen. Verwijder de steeltjes van de chilipepers en zaai de zaadjes ervan. Vervolgens scheurt u elke peper in de lengte open. Schud de zaden eruit en gooi ze weg. Spoel de paprika's af, bedek ze met kokend water in een hittebestendige kom en plaats een bord bovenop de paprika's om ze onder te dompelen. Laat ze 30 tot 60 minuten staan om te rehydrateren, laat ze vervolgens uitlekken en bewaar een kwart kopje water.
b) Doe de paprika's, de olie en het zout in een blender of keukenmachine en mix minimanaar de3 minuten tot het geheel glad is. Als het mengsel te dik is om door de blender te verwerken, voeg dan net genoeg van het bewaarde water toe om de pasta te verdunnen. Proef en pas de smaak aan indien nodig. Als je pasta na 5 minuten mixen nog steeds niet helemanaar deglad is, hanaar deje hem met een rubberen spatel door een fijnmazige zeef om de resterende peperschillen te verwijderen.
c) Bedek met olie, wikkel het stevig in en laat het maximanaar de10 dagen in de koelkast staan. Bevries maximanaar de3 maanden.

66. Harissa Noord-Afrikaanse pepersaus

INGREDIËNTEN:
- 1 theelepel komijnzaad
- 1/2 theelepel korianderzaad
- 1/2 theelepel karwijzaad
- 1 kop Basis Peperpasta
- 1/4 kopje zongedroogde tomaten, grof gesneden
- 1 teentje knoflook
- Zout

INSTRUCTIES:
a) Doe het komijn-, koriander- en karwijzaad in een kleine, droge koekenpan en zet op middelhoog vuur. Draai de pan voortdurend rond om een gelijkmatig roosteren te garanderen. Rooster tot de eerste paar zaadjes beginnen te ploffen en een hartig aroma afgeven, ongeveer 3 minuten. Hanaar devan het vuur. Dump de zaden onmiddellijk in de kom van een vijzel of een kruidenmolen. Manaar defijn met een snufje zout.
b) Meng de peperpasta, tomaten en knoflook samen in een keukenmachine of blender tot een gladde massa. Voeg de geroosterde komijn, koriander en karwij toe. Breng op smaak met zout. Proef en pas aan indien nodig.
c) Bedek en bewaar restjes gedurende maximanaar de5 dagen.

67. Muhammara Peper- en Walnootpasta

INGREDIËNTEN:
- 1 theelepel komijn
- 1 1/2 kopjes walnoten
- 1 kop Basis Peperpasta
- 1 teentje knoflook
- 1 kopje geroosterde strooikruimels
- 2 eetlepels plus 1 theelepel granaatappelmelasse
- 2 eetlepels plus 1 theelepel citroensap
- Zout

INSTRUCTIES:
a) Verwarm de oven voor op 350 ° F.
b) Doe het komijnzaad in een kleine, droge koekenpan en zet op middelhoog vuur. Draai de pan voortdurend rond om een gelijkmatig roosteren te garanderen. Rooster tot de eerste paar zaadjes beginnen te ploffen en een hartig aroma afgeven, ongeveer 3 minuten. Hanaar devan het vuur. Dump de zaden onmiddellijk in de kom van een vijzel of een kruidenmolen. Manaar defijn met een snufje zout.
c) Groenteel de walnoten in een enkele laag op een bakplaat en plaats ze in de oven. Zet een timer op 4 minuten en kijk of de noten afgaan. Roer ze om zodat ze gelijkmatig bruin worden. Ga nog eens 2 tot 4 minuten door met roosteren, totdat ze aan de buitenkant lichtbruin zijn en geroosterd als ze erin worden gebeten. Hanaar deuit de oven en de bakplaat en laat afkoelen.
d) Doe de peperpasta, de afgekoelde walnoten en de knoflook in een keukenmachine en mix tot een gladde massa.
e) Voeg de granaatappelmelasse, het citroensap en de komijn toe en pulseer tot alles gemengd is. Proef en pas aan voor zout en zuur.
f) Bedek en bewaar restjes gedurende maximanaar de5 dagen.

68. Basilicum pesto

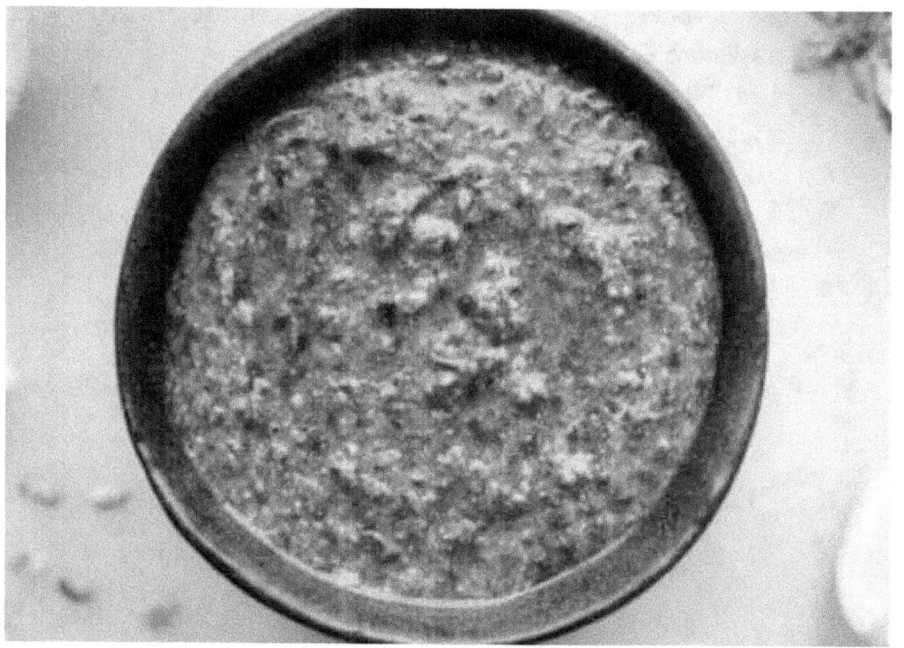

INGREDIËNTEN:

- 3/4 kop extra vergine olijfolie
- 2 verpakte kopjes (ongeveer 2 grote bossen) verse basilicumblaadjes
- 1 tot 2 teentjes knoflook, fijn geraspt of gestampt met een snufje zout
- 1/2 kop pijnboompitten, licht geroosterd en gestampt
- 3 1/2 ounces Parmezaanse kaas, fijn geraspt, plus meer voor serveren (ongeveer 1 volle kop)
- Zout

INSTRUCTIES:

a) De sleutel tot het mengen van basilicum in een machine is om te voorkomen dat je het overdrijft, omdat de hitte die de motor genereert, samen met de oxidatie die kan optreden door te veel hakken, ervoor znaar dezorgen dat de basilicum bruin wordt.
b) Geef jezelf dus een voorsprong en hanaar deeerst een mes door de basilicum.
c) Giet ook de helft van de olijfolie op de bodem van de blender- of processorkom, zodat de basilicum zo snel mogelijk in vloeistof uiteenvalt. Pulseer vervolgens en stop om de bladeren een paar keer per minuut met een rubberen spatel naar beneden te duwen, totdat de basilicumolie een geurige, smaragdgroene draaikolk wordt.
d) Om te voorkomen dat de basilicum te lang vermengt, maakt u de pesto af in een kom. Giet de basilicumolie in een middelgrote kom en voeg wat knoflook, pijnboompitten en Parmezaanse kaas toe. Roer om te combineren en proef dan. Heeft het meer knoflook nodig? Meer zout? Meer kaas? Is het te dik? Als dat zo is, voeg dan wat meer olie toe, of voeg wat pastawater toe. Tintel en proef opnieuw, houd er rekening mee dat als de pesto een tijdje staat, de smaken samenkomen, de knoflook duidelijker wordt en het zout znaar deoplossen.
e) Laat het een paar minuten staan, proef dan en pas opnieuw aan. Voeg voldoende olijfolie toe om de saus te bedekken en oxidatie te voorkomen.
f) Bewaar maximanaar de3 dagen in de koelkast, afgedekt, of maximanaar de3 maanden in de vriezer.

69.Chutney van gekonfijt fruit

INGREDIËNTEN:
- 2 kopjes gemengd gekonfijt fruit, gehakt
- 1 kopje gedroogde abrikozen, gehakt
- 1/2 kop rozijnen
- 1 kopje bruine suiker
- 1 kopje appelazijn
- 1 theelepel gemalen gember
- 1/2 theelepel gemalen kaneel
- Snufje cayennepeper (optioneel)

INSTRUCTIES:
a) Meng bijingrediënten in een pan en breng aan de kook.
b) Zet het vuur lager en laat 30-40 minuten sudderen, of tot de chutney is ingedikt.
c) Laat het afkoelen voordat je het serveert.
d) Deze chutney past goed bij geroosterd vlees, kaas of als spread op sandwiches.

70. Zoetzure papajachutney

INGREDIËNTEN:

- 1 papaja (vers, rijp of uit een pot)
- 1 kleine rode ui; zeer dun gesegmenteerd
- 1 matige tomaat - (tot 2); zonder zaadjes, in kleine blokjes gesneden
- ½ kopje gesegmenteerde lente-uitjes
- 1 kleine ananas, in stukjes gesneden
- 1 eetlepel honing
- Zout; naar smaak
- Versgemalen zwarte peper; naar smaak
- ½ Verse jalapeno;fijn gesneden

INSTRUCTIES:
Meng in een mixer

71. Chutney van kardemom-gekruide kweeperen

INGREDIËNTEN:
- 2 kweeperen, geschild, klokhuis verwijderd en in blokjes gesneden
- 1 ui, fijngehakt
- 1/2 kopje bruine suiker
- 1/4 kopje appelciderazijn
- 1 theelepel gemalen kardemom
- 1/2 theelepel gemalen kaneel
- 1/4 theelepel gemalen kruidnagel
- Snufje zout

INSTRUCTIES:
a) Meng in een pan de in blokjes gesneden kweeperen, gesnipperde ui, bruine suiker, appelciderazijn, gemalen kardemom, gemalen kaneel, gemalen kruidnagel en een snufje zout.
b) Breng het mengsel aan de kook, zet het vuur laag en laat het ongeveer 30-40 minuten koken, of tot de kweeperen gaar zijn en de chutney dikker wordt.
c) Pas de zoetheid en kruiden naar smaak aan.
d) Laat de kweeperenchutney afkoelen voordat je hem serveert. Het past goed bij kaas, geroosterd vlees of als smaakmaker voor sandwiches.

JURKEN

72. Vinaigrette van rode wijn

INGREDIËNTEN:
- 1 eetlepel fijngesneden sjalot
- 2 eetlepels rode wijnazijn
- 6 eetlepels extra vergine olijfolie
- Zout
- Vers gemalen zwarte peper

INSTRUCTIES:

a) Laat de sjalot in een kleine kom of pot 15 minuten in de azijn staan om te macereren. Voeg dan de olijfolie, een flinke snuf zout en een klein snufje peper toe. Roer of schud om te combineren, proef dan met een blaadje sla en pas indien nodig zout en zuur aan. Bedek de restjes en bewaar ze maximanaar de3 dagen in de koelkast.

b) Ideanaar devoor tuinsla, rucola, witlof, witloof, Little Gem- en Romeinse sla, bieten, tomaten, geblancheerde, gegrilde of geroosterde groenten van welke soort dan ook, en voor Bright Cabbage Slaw, Fattoush, Graan- of Bonensalade, Griekse Salade, Lente Panzanella.

73.Balsamico azijn

INGREDIËNTEN:
- 1 eetlepel fijngesneden sjalot
- 1 eetlepel oude balsamicoazijn
- 1 eetlepel rode wijnazijn
- 4 eetlepels extra vergine olijfolie
- Zout
- Vers gemalen zwarte peper

INSTRUCTIES:

a) Laat de sjalot in een kleine kom of pot 15 minuten in de azijn staan om te macereren. Voeg dan de olijfolie, een flinke snuf zout en een snufje peper toe. Roer of schud om te combineren, proef dan met een blaadje sla en pas indien nodig zout en zuur aan. Bedek de restjes en bewaar ze maximanaar de3 dagen in de koelkast.

b) Ideanaar devoor rucola, tuinsla, witlof, witlof, romaine sla en Little Gem-sla, geblancheerde, gegrilde of geroosterde groenten van welke soort dan ook, en voor graan- of bonensalade, winterpanzanella.

74. Citroenvinaigrette

INGREDIËNTEN:
- 1/2 theelepel fijn geraspte citroenschil (ongeveer 1/2 citroen waard)
- 2 eetlepels vers geperst citroensap
- 1 1/2 theelepel witte wijnazijn
- 5 eetlepels extra vergine olijfolie
- 1 teentje knoflook
- Zout
- Vers gemalen zwarte peper

INSTRUCTIES:
a) Giet de citroenschil, het sap, de azijn en de olijfolie in een kleine kom of pot. Plet het teentje knoflook met de palm van je hand tegen het aanrecht en voeg toe aan de vinaigrette. Breng op smaak met een flinke snuf zout en een snufje peper. Roer of schud om te combineren, proef dan met een blaadje sla en pas indien nodig zout en zuur aan. Laat minimanaar de10 minuten staan en verwijder het teentje knoflook voordat u het gebruikt.

b) Dek de restjes af en bewaar ze maximanaar de2 dagen in de koelkast.

c) Ideanaar devoor kruidensalade, rucola, tuinsla, Romeinse en Little Gem-sla, komkommers, gekookte groenten en voor avocadosalade, geschaafde venkel- en radijssalade, langzaam geroosterde zalm.

75. Limoenvinaigrette

INGREDIËNTEN:
- 2 eetlepels vers geperst limoensap (van ongeveer 2 kleine limoenen)
- 5 eetlepels extra vergine olijfolie
- 1 teentje knoflook
- Zout

INSTRUCTIES:

a) Giet het limoensap en de olijfolie in een kleine kom of pot. Pers het teentje knoflook en voeg het toe aan de vinaigrette, samen met een flinke snuf zout. Roer of schud om te combineren, proef dan met een blaadje sla en pas indien nodig zout en zuur aan. Laat minimanaar de 10 minuten staan en verwijder de knoflook voordat je hem gebruikt.

b) Bedek de restjes en bewaar ze maximanaar de 3 dagen in de koelkast.

c) Ideanaar devoor tuinsla, Little Gem- en Romeinse sla, gesneden komkommers en voor avocadosalade, geschoren wortelsalade, shirazisalade en langzaam geroosterde zalm.

76. Tomatenvinaigrette

INGREDIËNTEN:
- 2 eetlepels in blokjes gesneden sjalotjes
- 2 eetlepels rode wijnazijn
- 1 eetlepel oude balsamicoazijn
- 1 grote of twee kleine, zeer rijpe tomaten (ongeveer 8 ons)
- 4 basilicumblaadjes, in grote stukken gescheurd
- 1/4 kop extra vergine olijfolie
- 1 teentje knoflook
- Zout

INSTRUCTIES:
a) Laat de sjalot in een kleine kom of pot 15 minuten in de azijn zitten om te macereren.
b) Halveer de tomaat kruislings. Rasp het grootste gat van een doosrasp en gooi de schil weg. Er moet een halve kop geraspte tomaat overblijven. Voeg het toe aan de sjalot. Voeg de basilicumblaadjes, olijfolie en een flinke snuf zout toe. Plet de knoflook met de palm van je hand tegen het aanrecht en voeg toe aan de verband. Schud of roer om te combineren. Proef met een crouton of plakje tomaat en pas eventueel zout en zuur aan. Laat minimanaar de 10 minuten staan en verwijder de knoflook voordat je hem gebruikt.
c) Dek de restjes af en bewaar ze maximanaar de 2 dagen in de koelkast.
d) Ideanaar devoor gesneden tomaten, en voor avocadosalade, capresesalade, zomerpanzanella, ricotta- en tomatensalade, toast, zomertomaten- en kruidensalade.

77. Rijstwijnvinaigrette

INGREDIËNTEN:
- 2 eetlepels gekruide rijstwijnazijn
- 4 eetlepels neutranaar desmakende olie
- 1 teentje knoflook
- Zout

INSTRUCTIES:
a) Giet de azijn en olijfolie in een kleine kom of pot. Plet het teentje knoflook met de palm van je hand tegen het aanrecht en voeg toe aan de verband.

b) Roer of schud om te combineren, proef dan met een blaadje sla en pas indien nodig zout en zuur aan. Laat minimanaar de 10 minuten zitten en verwijder dan de knoflook voordat je de verband gebruikt.

c) Bedek de restjes en bewaar ze maximanaar de 3 dagen in de koelkast.

d) Ideanaar devoor tuinsla, romaine en Little Gem-sla, geschaafde daikon-radijs, wortelen of komkommers, en voor elke avocadosalade.

78. Caesar verband

INGREDIËNTEN:
- 4 ansjovis met zout (of 8 filets), geweekt en gefileerd
- 3/4 kop stijve basismayonaise
- 1 teentje knoflook, fijn geraspt of gestampt met een snufje zout
- 3 tot 4 eetlepels citroensap
- 1 theelepel witte wijnazijn
- 3-ounce stuk Parmezaanse kaas, fijn geraspt (ongeveer 1 kopje), plus meer voor serveren
- 3/4 theelepel Worcestershiresaus
- Vers gemalen zwarte peper
- Zout

INSTRUCTIES:
a) Snijd de ansjovis grof en manaar deze in een vijzel tot een fijne pasta. Hoe meer je ze afbreekt, hoe beter de verband znaar dezijn.
b) Roer in een middelgrote kom de ansjovis, mayonaise, knoflook, citroensap, azijn, Parmezaanse kaas, Worcestershiresaus en peper door elkaar. Proef met een blaadje sla, voeg zout toe en pas het zuur aan indien nodig. Of, oefen wat je hebt geleerd over laagjeszout en voeg beetje bij beetje een klein beetje van elk zoute ingrediënt toe aan de mayonaise. Pas het zuur aan, proef en pas de zoute ingrediënten aan totdat je de ideale balans tussen zout, vet en zuur bereikt. Is het in de praktijk brengen van een les die je in een boek hebt gelezen ooit zo heerlijk geweest? Ik betwijfel het.
c) Om de salade te maken, gebruik je je handen om de greens en de gescheurde croutons met een ruime hoeveelheid verband in een grote kom te gooien, zodat ze gelijkmatig bedekt zijn. Garneer met Parmezaanse kaas en versgemalen zwarte peper en serveer onmiddellijk.
d) Bewaar de overgebleven verband afgedekt in de koelkast gedurende maximanaar de3 dagen.
e) Ideanaar devoor Romeinse en Little Gem-sla, witlof, rauwe of geblancheerde boerenkool, geschaafde spruitjes, witlof.

79. Romige kruidenverband

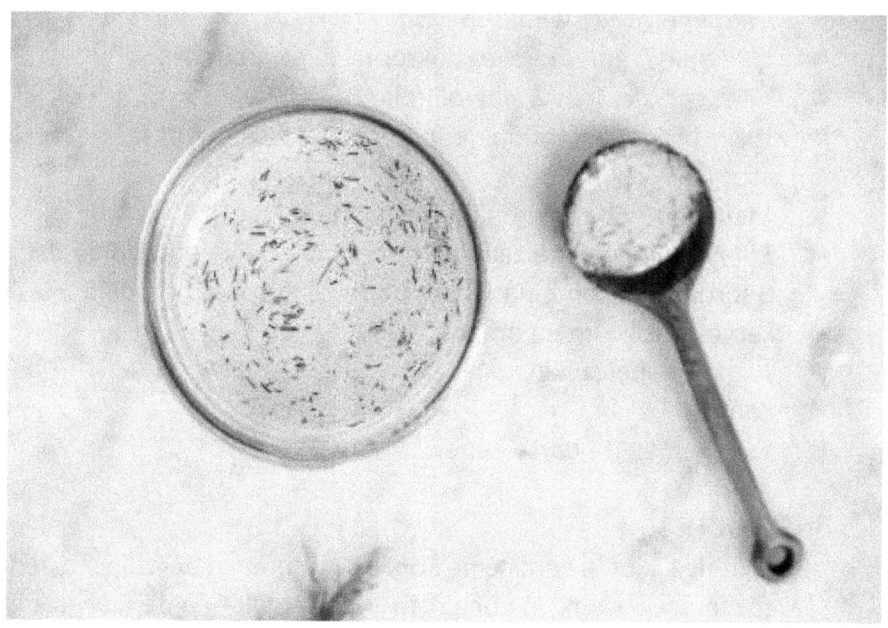

INGREDIËNTEN:
- 1 eetlepel fijngesneden sjalot
- 2 eetlepels rode wijnazijn
- 1/2 kopje crème fraîche, slagroom, zure room of yoghurt
- 3 eetlepels extra vergine olijfolie
- 1 klein teentje knoflook, fijn geraspt of gestampt met een snufje zout
- 1 lente-ui, wit en groen deel fijngehakt
- 1/4 kop fijngehakte zachte kruiden, in welke verhouding dan ook. Gebruik elke combinatie van peterselie, koriander, dille, bieslook, kervel, basilicum en dragon
- 1/2 theelepel suiker
- Zout
- Vers gemalen zwarte peper

INSTRUCTIES:
a) Laat de sjalot in een kleine kom 15 minuten in de azijn staan om te macereren. Meng in een grote kom de sjalot en de maceratieazijn met de crème fraîche, olijfolie, knoflook, lente-ui, kruiden, suiker, een flinke snuf zout en een snufje zwarte peper. Proef met een blaadje sla en pas eventueel zout en zuur aan.
b) Bewaar restjes afgedekt in de koelkast gedurende maximanaar de3 dagen.
c) Ideanaar devoor romaine, ijsbergpartjes, Little Gem-sla, bieten, komkommers, witlof, en om te serveren bij gegrilde vis of gebraden kip, om rauwkost in te dippen en naast gefrituurd voedsel.

80.Blauwe kaas verband

INGREDIËNTEN:
- 5 ons romige blauwe kaas, zoals Roquefort, Bleu d'Auvergne of Maytag Blue, verkruimeld
- 1/2 kopje crème fraîche, zure room of slagroom
- 1/4 kop extra vergine olijfolie
- 1 eetlepel rode wijnazijn
- 1 klein teentje knoflook, fijn geraspt of gestampt met een snufje zout
- Zout

INSTRUCTIES:
a) Gebruik een garde in een middelgrote kom om de kaas, crème fraîche, olijfolie, azijn en knoflook goed te mengen. U kunt ook alles in een pot doen, het deksel sluiten en krachtig schudden om te combineren. Proef met een blaadje sla, voeg zout toe en pas het zuur aan indien nodig.
b) Bewaar restjes afgedekt in de koelkast gedurende maximanaar de3 dagen.
c) Ideanaar devoor witlof, witloof, ijsbergpartjes, Little Gem en Romeinse sla. Deze verband werkt ook prachtig als saus voor biefstuk of als dipsaus voor wortelen en komkommers.

81. Groene Godin Verband

INGREDIËNTEN:

- 3 ansjovis met zout (of 6 filets), geweekt en gefileerd
- 1 rijpe middelgrote avocado, gehalveerd en ontpit
- 1 teentje knoflook, in plakjes gesneden
- 4 theelepels rode wijnazijn
- 2 eetlepels plus 2 theelepels citroensap
- 2 eetlepels fijngehakte peterselie
- 2 eetlepels fijngehakte koriander
- 1 eetlepel fijngehakte bieslook
- 1 eetlepel fijngehakte kervel
- 1 theelepel fijngehakte dragon
- 1/2 kop stijve basismayonaise
- Zout

INSTRUCTIES:

a) Snijd de ansjovis grof en manaar deze in een vijzel tot een fijne pasta. Hoe meer je ze afbreekt, hoe beter de verband znaar dezijn.

b) Doe de ansjovis, avocado, knoflook, azijn, citroensap, kruiden en mayonaise in een blender of keukenmachine met een flinke snuf zout en mix tot een romig, dik en glad mengsel. Proef en pas indien nodig zout en zuur aan. Laat de Green Goddess dik staan om als dip te gebruiken, of verdun met water tot de gewenste consistentie voor een saladeverband.

c) Bewaar restjes afgedekt in de koelkast gedurende maximanaar de3 dagen.

d) Ideanaar devoor romaine, ijsbergpartjes, Little Gem-sla, bieten, komkommers, witlof, om te serveren bij gegrilde vis of gebraden kip, om rauwkost in te dippen en voor avocadosalade.

82. Tahin-verband

INGREDIËNTEN:
- 1/2 theelepel komijnzaad, of 1/2 theelepel gemalen komijn
- Zout
- 1/2 kopje tahini
- 1/4 kopje vers geperst citroensap
- 2 eetlepels extra vergine olijfolie
- 1 teentje knoflook, fijn geraspt of gestampt met een snufje zout
- 1/4 theelepel gemalen cayennepeper
- 2 tot 4 eetlepels ijswater

INSTRUCTIES:
a) Doe het komijnzaad in een kleine, droge koekenpan en zet op middelhoog vuur. Draai de pan voortdurend rond om een gelijkmatig roosteren te garanderen. Rooster tot de eerste paar zaadjes beginnen te ploffen en een hartig aroma afgeven, ongeveer 3 minuten. Hanaar devan het vuur. Dump de zaden onmiddellijk in de kom van een vijzel of een kruidenmolen. Manaar defijn met een snufje zout.
b) Doe de komijn, tahini, citroensap, olie, knoflook, cayennepeper, 2 eetlepels ijswater en een flinke snuf zout in een middelgrote kom en klop alles door elkaar. Of meng alles samen in een keukenmachine. Het mengsel ziet er in eerste instantie misschien gebroken uit, maar vertrouw erop dat het onder roeren znaar desamenkomen tot een gladde, romige emulsie. Voeg indien nodig water toe om het tot de gewenste consistentie te verdunnen; laat het dik om als dip te gebruiken en verdun het om salades, groenten of vlees te bereiden. Proef met een blaadje sla en pas eventueel zout en zuur aan.
c) Bewaar restjes afgedekt in de koelkast gedurende maximanaar de3 dagen.

83. Miso-mosterdverband

INGREDIËNTEN:
- 4 eetlepels witte of gele misopasta
- 2 eetlepels honing
- 2 eetlepels Dijonmosterd
- 4 eetlepels rijstwijnazijn
- 1 theelepel fijn geraspte gember

INSTRUCTIES:

a) Gebruik een garde in een middelgrote kom om alles grondig te combineren tot een gladde massa. U kunt ook bijingrediënten in een pot doen, het deksel sluiten en krachtig schudden om te combineren. Proef met een blaadje sla en pas indien nodig het zuur aan.

b) Ideanaar deom te combineren met gesneden rauwe kool of boerenkool, tuinsla, romaine sla en Little Gem-sla, witlof, en om te besprenkelen met gegrilde vis, overgebleven gebraden kip of geroosterde groenten.

84. Pinda-Limoenverband

INGREDIËNTEN:
- 1/4 kop vers geperst limoensap
- 1 eetlepel vissaus
- 1 eetlepel rijstwijnazijn
- 1 theelepel sojasaus
- 1 eetlepel fijn geraspte gember
- 1/4 kop pindakaas
- 1/2 jalapeñopeper, zonder steel en in plakjes gesneden
- 3 eetlepels neutranaar desmakende olie
- 1 teentje knoflook, in plakjes gesneden
- Optioneel: 1/4 kop grof gehakte korianderblaadjes

INSTRUCTIES:

a) Doe bijingrediënten in een blender of keukenmachine en mix tot een gladde massa. Verdun met water tot de gewenste consistentie – laat het dik staan om als dip te gebruiken en verdun het om salades, groenten of vlees te bereiden. Proef met een blaadje sla en pas eventueel zout en zuur aan.

b) Bewaar restjes afgedekt in de koelkast gedurende maximanaar de3 dagen.

c) Ideanaar devoor komkommers, rijst- of soba-noedels, romaine en serveren naast gegrilde of geroosterde kip, biefstuk of varkensvlees.

DEEG

85.Taartdeeg uit boter

INGREDIËNTEN:
- 2 1/4 kopjes (12 ounces) bloem voor bijdoeleinden
- 1 royale eetlepel suiker
- Grote snuf zout
- 16 eetlepels (8 ounces) gekoelde ongezouten boter, in blokjes van 1/2 inch gesneden
- Ongeveer 1/2 kopje ijswater
- 1 theelepel witte azijn

INSTRUCTIES:

a) Doe de bloem, suiker en zout in de kom van een keukenmixer met het paddle-opzetstuk en vries het geheel vervolgens 20 minuten in (als de kom niet in de vriezer past, vries dan gewoon de ingrediënten in). Vries ook de boter en het ijswater in.

b) Plaats de kom op de mixer en draai deze op de laagste snelheid. Voeg de in blokjes gesneden boter toe, een paar stukjes tegelijk, en meng tot de boter eruit ziet als gebroken stukjes walnoot. Duidelijke stukjes boter zorgen voor mooie vlokken in het deeg, dus vermijd overmatig mengen.

c) Voeg de azijn in een dun straaltje toe. Voeg net genoeg water toe en meng zo weinig mogelijk totdat het deeg nauwelijks bij elkaar blijft. Je hebt waarschijnlijk bijna de hele 1/2 kop nodig. Sommige ruige stukjes zijn prima. Als je niet zeker weet of het deeg meer water nodig heeft, stop dan de mixer en neem een handvol deeg in je handpalm. Knijp er hard in en probeer het dan voorzichtig uit elkaar te halen. Als het heel gemakkelijk uit elkaar valt en erg droog aanvoelt, voeg dan meer water toe. Als het bij elkaar blijft of in een paar stukjes uiteenvalt, ben je klaar.

d) Trek op het aanrecht een lang stuk plasticfolie uit de rol, maar knip het niet af. Draai de kom in een snelle, onbevreesde beweging om op de plasticfolie. Verwijder de kom en raak het deeg niet aan. Snijd het plastic van de rol en til beide uiteinden op en gebruik het om naar dehet deeg tot een bnaar dete maken. Maak je geen zorgen als er een paar droge stukjes achterblijven; de bloem znaar dehet vocht na verloop van tijd gelijkmatig opnemen. Draai het plastic strak om het deeg heen, zodat er een bnaar deontstaat. Gebruik een scherp mes om de bnaar dedoor het plastic doormidden te snijden, wikkel elke helft opnieuw stevig in plastic en druk elke helft tot een schijf. Laat minimanaar de2 uur of een nacht afkoelen.

e) Om het onverpakte deeg tot 2 maanden in te vriezen, wikkelt u het dubbel in plastic en wikkelt u het vervolgens in aluminiumfolie om vriesbrand te voorkomen. Laat het deeg een nacht in de koelkast ontdooien voordat u het gebruikt.

86. Taart deeg

INGREDIËNTEN:
- 1 2/3 kopjes (8 1/2 ounces) bloem voor bijdoeleinden
- 2 eetlepels (1 ounce) suiker
- 1/4 theelepel bakpoeder
- 1 theelepel koosjer zout of 1/2 theelepel fijn zeezout
- 8 eetlepels (4 ounces) ongezouten boter gesneden in blokjes van 1/2 inch, gekoeld
- 6 eetlepels crème fraîche of slagroom, gekoeld
- 2 tot 4 eetlepels ijswater

INSTRUCTIES:
a) Meng de bloem, suiker, bakpoeder en zout in de kom van een keukenmixer. Zet het, samen met de boter en het paddle-opzetstuk, gedurende 20 minuten in de vriezer. Laat de crème fraîche en slagroom in de koelkast afkoelen.

b) Zet de kom met droge ingrediënten op de keukenmixer en bevestig deze met het paddle-opzetstuk. Draai de snelheid laag en voeg langzaam de boterblokjes toe. Zodra de boter is toegevoegd, kunt u de snelheid verhogen tot middellaag.

c) Werk de boter erdoor tot het lijkt op stukjes ter grootte van een gebroken walnoot (niet te lang mixen; stukjes boter zijn ook goed!). In de keukenmixer duurt dit ongeveer 1 tot 2 minuten, met de hand iets langer.

d) Voeg de crème fraiche toe. In sommige gevallen znaar dedit voldoende zijn om het deeg met een beetje mengen te binden. In andere gevallen moet u mogelijk een of twee lepels ijswater toevoegen. Weersta de drang om zoveel water toe te voegen, of zo lang te mixen, dat het deeg helemanaar desamenkomt. Sommige ruige stukjes zijn prima. Als je niet zeker weet of het deeg meer water nodig heeft, stop dan de mixer en neem een handvol deeg in je handpalm. Knijp er hard in en probeer het dan voorzichtig uit elkaar te halen. Als het heel gemakkelijk uit elkaar valt en erg droog aanvoelt, voeg dan meer water toe. Als het bij elkaar blijft of in een paar stukjes uiteenvalt, ben je klaar.

e) Trek op het aanrecht een lang stuk plasticfolie uit de rol, maar knip het niet af. Draai de kom in een snelle, onbevreesde beweging om op de plasticfolie. Verwijder de kom en raak het deeg niet aan.
f) Snijd het plastic van de rol en til beide uiteinden op en gebruik het om naar dehet deeg tot een bnaar dete maken. Maak je geen zorgen als er wat droge stukjes in zitten; de bloem znaar dehet vocht na verloop van tijd gelijkmatig opnemen. Draai het plastic gewoon strak om het deeg, druk de bnaar detot een schijf en laat hem minimanaar de2 uur of een hele nacht in de koelkast staan.
g) Om het deeg maximanaar de2 maanden in te vriezen, wikkelt u het dubbel in plastic en wikkelt u het vervolgens in aluminiumfolie om vriesbrand te voorkomen. Laat het deeg een nacht in de koelkast ontdooien voordat u het gebruikt.

SNOEPJES EN DESSERTS

87. Olijfolie en zeezoutgranola

INGREDIËNTEN:

- 3 kopjes (10 1/2 ounces) ouderwetse gerolde haver
- 1 kop (4 1/2 ounces) gepelde pompoenpitten
- 1 kop (5 ons) gepelde zonnebloempitten
- 1 kop (2 1/4 ounces) ongezoete kokosnootchips
- 1 1/2 kopjes (5 1/4 ounces) gehalveerde pecannoten
- 2/3 kop pure ahornsiroop, bij voorkeur donker en robuust klasse A
- 1/2 kop extra vergine olijfolie
- 1/3 kop (2 3/4 ounces) verpakte bruine suiker
- Sel gris of Maldon zeezout
- Optioneel: 1 kop (5 ounces) gedroogde zure kersen of in vieren gesneden gedroogde abrikozen

INSTRUCTIES:
a) Verwarm de oven voor op 300 ° F. Bekleed een omrande bakplaat met bakpapier. Opzij zetten.
b) Doe de haver, pompoenpitten, zonnebloempitten, kokosnoot, pecannoten, ahornsiroop, olijfolie, bruine suiker en 1 theelepel zout in een grote kom en meng tot alles goed gemengd is. Groenteel het granola-mengsel in een gelijkmatige laag op de voorbereide bakplaat.
c) Schuif in de oven en bak, roer elke 10 tot 15 minuten met een metalen spatel, tot de granola geroosterd en zeer knapperig is, ongeveer 45 tot 50 minuten.
d) Hanaar dede granola uit de oven en breng op smaak met meer zout.
e) Laat volledig afkoelen. Roer indien gewenst gedroogde kersen of abrikozen erdoor.
f) In een luchtdichte verpakking maximanaar de1 maand houdbaar.
g) Vier dingen die je met fruit kunt doen
h) Meestnaar dekun je met fruit het beste een perfect rijp stuk ervan vinden en er zelf van genieten. De overvloedige vlekken op de voorkant van vrijwel elk overhemd dat ik bezit, getuigen van het feit dat ik deze visie de hele zomer in praktijk breng met bessen, nectarines, perziken, pruimen, meloenen en naar dehet andere dat ik maar te pakken kan krijgen. Zoals keukenwetenschapper Harold McGee zegt: "Naar dehet gekookte voedsel streeft naar de conditie van fruit." Omdat ik denk dat je niet veel kunt doen om fruit te verbeteren, stel ik het beste voor: doe er zo min mogelijk aan. Naast taarten en taarten zijn dit mijn vier manieren om te pronken met de glorie van rijp fruit.
i) Juist omdat deze recepten zo eenvoudig zijn, vereisen ze wel dat je begint met het lekkerste fruit dat je kunt krijgen. Gebruik rijp fruit op het hoogtepunt van het seizoen (of, voor de Granita, bevroren fruit, dat op zijn hoogtepunt bevroren is). U zult geen spijt krijgen van de extra inspanning.

88.Klassieke appeltaart

INGREDIËNTEN:
- 1 recept (2 schijven) gekoeld botertaartdeeg
- 2 1/2 pond zure appels, zoals Honeycrisp, Fuji of Sierra Beauty (ongeveer 5 grote appels)
- 1/2 theelepel gemalen kaneel
- 1/4 theelepel gemalen piment
- 1/2 theelepel koosjer zout of 1/4 theelepel fijn zeezout
- 1/2 kop plus 1 eetlepel (4 1/2 ounces) donkerbruine suiker, verpakt
- 3 eetlepels bloem voor bijdoeleinden, plus meer voor het uitrollen
- 1 eetlepel appelazijn
- 2 eetlepels slagroom
- Kristalsuiker of demerarasuiker om te bestrooien

INSTRUCTIES:
a) Verwarm de oven voor op 425 ° F en plaats een rek in de middenpositie.

b) Rol een schijf gekoeld deeg uit op een goed met bloem bestoven bord tot het ongeveer 1/8 inch dik en 12 inch in diameter is. Wikkel het rond een licht met bloem bestoven deegroller en pak het op. Plaats het deeg over een taartvorm van 9 inch, rol het uit en druk het voorzichtig in de hoeken van de pan.

c) Snijd overtollig deeg af met een schaar, laat een overhang van ongeveer 2,5 cm over en laat het gedurende 10 minuten invriezen. Bewaar de bijgesneden stukjes ook en laat ze afkoelen. Rol de tweede deegschijf uit tot dezelfde afmetingen, snijd een stoomgat uit het midden en laat het in de koelkast afkoelen.

d) Schil ondertussen de appels, verwijder het klokhuis en snijd ze in plakjes van 3/4 inch. Doe de appels, kaneel, piment, zout, suiker, bloem en azijn in een grote kom en meng om te combineren. Plaats de vulling in de voorbereide taartvorm. Gebruik een deegroller, zoals je deed bij de eerste ronde deeg, om de tweede ronde op te pakken en voorzichtig uit te rollen over de taartvulling. Gebruik een schaar om beide korsten tegelijkertijd af te snijden, zodat er een overhang van 1/2 inch overblijft.

e) Plooi 1/4 inch van de rand onder zichzelf, zodat je een opgerolde cilinder hebt die op de rand van de taartplaat zit. Werk met één hand aan de binnenkant van de rand van de korst en de andere aan de buitenkant. Gebruik de wijsvinger van de binnenhand om het deeg tussen duim en wijsvinger van je buitenhand te duwen, zodat een V-vorm ontstaat. Ga groenter rondom de korst, met een afstand van ongeveer 2,5 cm tussen de V's.

f) Terwijl je het deeg krimpt, trek je het deeg net voorbij de rand van de pan eruit. Het krimpt terug tijdens het bakken. Plak eventuele gaten op met deeggarnituur.

g) Vries de hele taart gedurende 20 minuten in. Nadat u de taart uit de vriezer heeft gehaald, plaatst u de taart op een bakplaat bekleed met bakpapier.

h) Bestrijk de bovenste korst royanaar demet slagroom en bestrooi met suiker. Bak op het middelste rooster op 425°F gedurende 15 minuten, zet dan het vuur lager tot 400°F en bak nog eens 15 tot 20 minuten tot ze licht goudbruin zijn.

i) Zet het vuur lager tot 350 ° F en bak tot het klaar is, nog eens 45 minuten. Laat de taart 2 uur afkoelen op een rooster voordat u hem aansnijdt.

89. Klassieke Pompoentaart

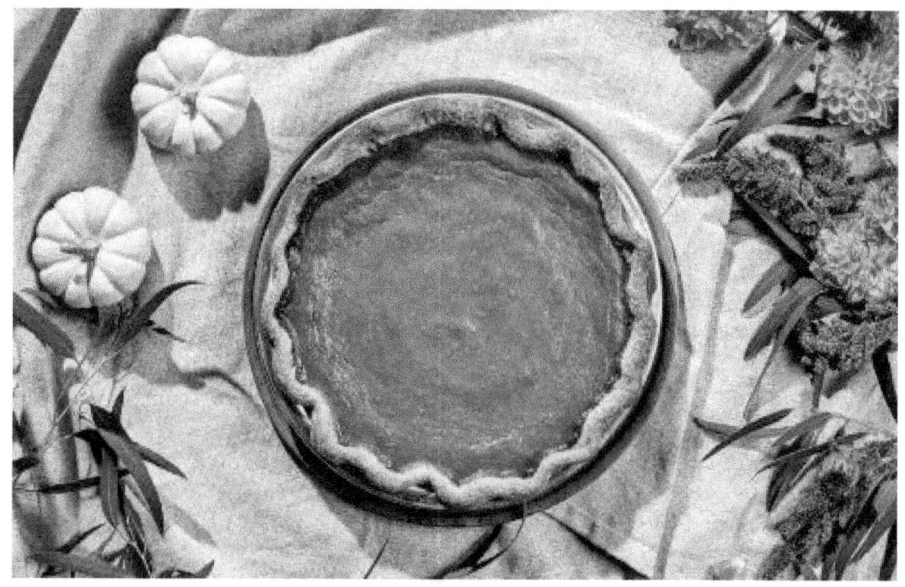

INGREDIËNTEN:

- 1/2 recept (1 schijf) gekoeld botertaartdeeg
- Meel om te rollen
- 2 grote eieren
- 1 1/2 kopjes zware room
- 15 ons (1 groot blik) pompoenpuree
- 3/4 kop (5 1/4 ounces) suiker
- 1 theelepel koosjer zout of 1/2 theelepel fijn zeezout
- 1 1/2 theelepel gemalen kaneel
- 1 theelepel gemalen gember
- 1/2 theelepel gemalen kruidnagel

INSTRUCTIES:

a) Verwarm de oven voor op 425 ° F en plaats een rek in de middenpositie.
b) Rol het gekoelde deeg uit op een goed met bloem bestoven bord tot het ongeveer 1/8 inch dik en 12 inch in diameter is. Wikkel het rond een licht met bloem bestoven deegroller en pak het op. Plaats het deeg over een taartvorm van 9 inch, rol het uit en druk het voorzichtig in de hoeken van de pan.
c) Knip overtollig deeg af met een schaar, zodat er een overhang van ongeveer 3/4 inch overblijft. Bewaar de toeters en bellen.
d) Krimp het deeg door onder zichzelf te rollen, zodat je een opgerolde cilinder hebt die op de rand van de taartplaat rust. Werk met één hand aan de binnenkant van de rand van de korst en de andere aan de buitenkant. Gebruik de wijsvinger van de binnenhand om het deeg tussen duim en wijsvinger van je buitenhand te duwen, zodat een V-vorm ontstaat.
e) Ga groenter rondom de korst, met een afstand van ongeveer 2,5 cm tussen de V's. Terwijl je het deeg krimpt, trek je het deeg net voorbij de rand van de pan eruit. Het krimpt terug tijdens het bakken. Plak eventuele gaten op met deeggarnituur. Prik het deeg overnaar dein met een vork en laat het 15 minuten invriezen.
f) Breek de eieren in een middelgrote kom en breek ze met een garde. Voeg de room, pompoenpuree, suiker, zout en kruiden toe aan de kom en klop goed door elkaar. Giet het custardmengsel in de bevroren schaal.
g) Bak gedurende 15 minuten op 425°F, zet dan het vuur lager tot 325°F en bak tot het midden nog maar net stevig is, ongeveer 40 minuten langer. Laat een uur afkoelen op een rooster voordat u het aansnijdt.
h) Serveer met pittige slagroom vanille, kaneel of karamelroom.

90.Lichte en schilferige karnemelkkoekjes

INGREDIËNTEN:
- 3 1/2 kopjes (18 1/2 ounces) bloem voor bijdoeleinden
- 4 theelepels bakpoeder
- 1 theelepel koosjer zout of 1/2 theelepel fijn zeezout
- 16 eetlepels (8 ounces) ongezouten boter, in blokjes van 1/2 inch gesneden en gekoeld
- 1 kopje karnemelk, gekoeld
- 1 kop slagroom, gekoeld, plus 1/4 kop extra voor het bestrijken van koekjes

INSTRUCTIES:
a) Verwarm de oven voor op 450 ° F. Bekleed twee bakplaten met bakpapier.
b) Laat de boterblokjes en de karnemelk 15 minuten invriezen.
c) Doe de bloem, het bakpoeder en het zout in de kom van een keukenmixer, voorzien van het peddelopzetstuk, en meng op lage snelheid tot alles gemengd is, ongeveer 30 seconden.
d) Voeg de helft van de boter toe, een paar stukjes per keer, en blijf op lage snelheid mixen totdat het mengsel er zanderig uitziet en er geen duidelijke stukjes boter zichtbaar zijn, ongeveer 8 minuten.
e) Voeg de rest van de boter toe en blijf mixen tot de stukjes boter zo groot zijn als grote erwten, ongeveer 4 minuten.
f) Doe het mengsel in een grote, brede kom en gebruik heel kort je vingers om de grootste stukken boter plat te maken: doe wat bloem op je handen en ga met je duim van het topje van je pink naar het topje van je wijsvinger, langs je vingertoppen zoals jij maken de "Cha-ching! Contant geld!" beweging.
g) Maak een kuiltje in het midden van het mengsel. Giet de karnemelk en 1 kopje room in het kuiltje. Meng met een rubberen spatel met brede, cirkelvormige bewegingen tot het deeg ongeveer samenkomt. Het deeg kan er nog steeds ruig uitzien, wat prima is.
h) Bestuif het aanrecht licht met bloem en draai het deeg uit de kom. Dep het deeg voorzichtig uit in een rechthoek van 3/4 inch dik, ongeveer 9 inch bij 13 inch. Vouw het deeg dubbel, vouw het dan

opnieuw, vouw het dan een derde keer en gebruik dan een deegroller om het deeg voorzichtig terug te rollen tot een rechthoek van 3/4 inch dik, ongeveer 9 bij 13 inch. Als de bovenkant van het deeg nog niet glad is, herhanaar dedan dit rollen en vouwen nog een of twee keer voorzichtig totdat dit wel het gevnaar deis.

i) Bestrooi het aanrecht licht met bloem en rol het deeg uit tot een hoogte van ongeveer 1 1/4 inch. Snijd recht naar beneden met een koekjesvormer van 2 1/2 inch, veeg de snijder tussen elke snede af en bebloem hem met bloem. Dit zorgt ervoor dat de koekjes recht omhoog rijzen, in plaats van schuin af te lopen. Rol de restjes één keer opnieuw uit en snijd het resterende deeg in koekjes.

j) Plaats de koekjes ongeveer 1/2 inch uit elkaar op de voorbereide bakplaten en bestrijk de bovenkant royanaar demet room. Bak gedurende 8 minuten op 450 ° F, draai vervolgens de pannen en verander hun ovenposities. Bak nog eens 8 tot 10 minuten, totdat de koekjes goudbruin zijn en licht aanvoelen als je ze oppakt.

k) Leg de koekjes op een rooster en laat ze 5 minuten afkoelen. Serveer warm.

l) Om de koekjes maximanaar de6 weken in te vriezen, vriest u de gesneden koekjes in een enkele laag op een bakplaat tot ze stevig zijn, doe ze vervolgens in een plastic diepvrieszak en vries ze in. Om te bakken, niet ontdooien. Bestrijk de bevroren koekjes met room en bak gedurende 10 minuten op 450°F en 10 tot 12 minuten op 375°F.

91. Appel- en Frangipanetaart

INGREDIËNTEN:
VOOR DE FRANGIPAAN
- 3/4 kop (4 ons) amandelen, geroosterd
- 3 eetlepels suiker
- 2 eetlepels (1 ounce) amandelspijs
- 4 eetlepels ongezouten boter op kamertemperatuur
- 1 groot ei
- 1 theelepel koosjer zout of 1/2 theelepel fijn zeezout
- 1/2 theelepel vanille-extract
- 1/2 theelepel amandelextract

VOOR DE TAART
- 1 recept Taartdeeg, gekoeld
- Meel om te rollen
- 6 scherpe, knapperige appels zoals Honeycrisp, Sierra Beauty of Pink Lady
- Heavy cream
- Suiker om te bestrooien

INSTRUCTIES:
a) Om de frangipane te maken, doe je de amandelen en de suiker in een keukenmachine en manaar deje ze heel fijn. Voeg de amandelpasta, boter, ei, zout, vanille en amandelextract toe en meng tot je een gladde pasta hebt.

b) Draai een omrande bakplaat ondersteboven en plaats er een stuk bakpapier op (het znaar degemakkelijker zijn om de taart te vormen en te vouwen zonder dat de rand van de pan in de weg zit). Opzij zetten.

c) Voordat u het deeg uitpakt, rolt u de schijf op de rand op het aanrecht tot een uniforme cirkel. Hanaar dehet deeg uit de verpakking en bestrooi het aanrecht, de deegroller en het deeg met bloem om plakken te voorkomen. Rol het deeg snel uit tot een cirkel van 14 inch, tot een dikte van ongeveer 1/8 inch.

d) Om het deeg gemakkelijker in een cirkel te rollen, draait u het deeg bij elke rol een kwartslag. Als het deeg toch begint te plakken, til het dan voorzichtig van het aanrecht en gebruik indien nodig meer bloem.

e) Rol het deeg op de deegroller en pak het voorzichtig van het aanrecht. Rol het voorzichtig uit op de omgekeerde, met bakpapier beklede bakplaat. Zet 20 minuten in de koelkast.
f) Werk ondertussen aan het fruit. Schil de appels, verwijder het klokhuis en snijd ze in plakjes van 1/4 inch. Proef een stukje. Als de appels erg scherp zijn, doe ze dan in een grote kom, bestrooi ze met 1 tot 2 eetlepels suiker en roer ze door elkaar.
g) Gebruik een rubberen of offset spatel om een 1/8-inch dikke laag frangipane over het hele oppervlak van het gekoelde deeg te verspreiden, waarbij de buitenste 5 cm onbedekt blijft.
h) Leg de appels op de frangipane en zorg voor voldoende overlap. Terwijl het fruit kookt, krimpt het en je wilt niet dat er naakte delen op je taart terechtkomen. Om een visgraatontwerp te maken, legt u twee rijen appelschijfjes in een hoek van 45 graden (zorg ervoor dat ze allemanaar dedezelfde kant op wijzen) en keert u vervolgens de hoek van de volgende twee rijen om naar 135 graden. Ga door met het patroon totdat het deeg bedekt is met fruit. Gebruik twee verschillende kleuren fruit voor een bijzonder visueel opvallende taart; hier gebruikten we een verscheidenheid aan appels genaamd Ruby Red, afgewisseld met Sierra Beauty-appels. Pink Pearl-appels zijn met hun suikerspinvlees ook prachtig. Groene en paarse pruimen, gepocheerde kweepeer of in rode of witte wijn gepocheerde peren kunnen ook prachtige kleuren bieden om mee te werken. (Als u meer dan één kleur gebruikt, wordt het patroon 45 graden kleur A, 45 graden kleur B, 135 graden kleur B, 135 graden kleur A om strepen te verkrijgen.)
i) Om een geplooide korst te creëren, vouwt u het buitenste deeg omhoog en over zichzelf heen met intervallen van 1 1/2 inch terwijl u de taart draait. Bij elke plooi knijpt u het deeg stevig samen en duwt u het tegen de buitenste fruitcirkel. Voor een rustieker uiterlijk vouwt u het deeg eenvoudig op regelmatige afstanden over het fruit. Laat de taart op het bakpapier liggen, plaats de taart terug op de bakplaat, nu op de bovenkant, en zet hem 20 minuten in de koelkast.
j) Verwarm de oven voor op 425 ° F en plaats een rek in de middelste stand van de oven. Bestrijk de korst vlak voor het bakken royanaar

demet slagroom en bestrooi royanaar demet suiker. Strooi ook wat suiker over het fruit. (Bestrijk hartige taarten met een lichtgeklopt ei en laat de suiker weg. Als u met zeer sappig fruit werkt, zoals rabarber of abrikozen, bak de taart dan 15 minuten voordat u het fruit met suiker bestrooit, wat de osmose bevordert en ervoor zorgt dat het gaat huilen. Geef de korst een voorsprong, zodat deze bestand is tegen het fruit.)

k) Bak op het middelste rek van de oven op 425 ° F gedurende 20 minuten. Verlaag vervolgens het vuur tot 400 ° F gedurende nog eens 15 tot 20 minuten. Verlaag vervolgens het vuur tot 350 tot 375 ° F (gebaseerd op hoe donker de korst is) en kook tot het gaar is, nog ongeveer 20 minuten. Draai de taart terwijl deze bakt om een gelijkmatige bruining te garanderen. Als de korst te snel bruin wordt, leg dan losjes een stuk bakpapier op de taart en bak groenter.

l) De taart is gaar als het fruit zacht is en de korst diep goudbruin is. Je kunt een schilmesje onder de taart steken en hem gemakkelijk uit de pan halen. De onderkant moet ook goudkleurig zijn.

m) Hanaar dehet uit de oven en laat het 45 minuten afkoelen op een rooster voordat je het aansnijdt. Serveer warm of gekoeld, met ijs, geurroom of crème fraîche.

n) Dek ongebruikte frangipane af en bewaar deze maximanaar de1 week in de koelkast. Bewaar niet opgegeten taarten maximanaar de1 dag verpakt bij kamertemperatuur.

92.Maak er sap van en maak Granita

INGREDIËNTEN:
ORANJE GRANITA
- 2 kopjes sinaasappelsap
- 1/4 kop (1 3/4 ounces) suiker
- 6 eetlepels citroensap
- Snufje zout

KOFFIE GRANITA
- 2 kopjes sterk gezette koffie
- 1/2 kop (3 1/2 ounces) suiker
- Snufje zout

INSTRUCTIES:
a) Giet het mengsel erboven (of een mengsel dat je zelf hebt bedacht) in een niet-reactieve (dat wil zeggen roestvrijstalen, glazen of keramische) schanaar deof kom.

b) Het mengsel moet minstens 2,5 cm diep in de schanaar dezitten. Plaats in de vriezer. Begin na ongeveer een uur af en toe te roeren met een vork, als de tijd het toelaat. Als je roert, zorg er dan voor dat je de meer bevroren randen en de bovenste laag goed vermengt met het gladdere midden. Hoe zorgvuldiger je roert, hoe fijner en gelijkmatiger de textuur (minder ijzig) van de afgewerkte Granita znaar dezijn.

c) Bevries de Granita tot hij helemanaar debevroren is, ongeveer 8 uur. Roer de dingen minimanaar dedrie keer door tijdens het vriesproces en geef de Granita vervolgens een grondige laatste schraap vlak voordat je hem serveert, totdat hij de textuur heeft van geschaafd ijs.

d) Serveer eventueel met ijs of een klodder Scented Cream. Bewaar afgedekt maximanaar deeen week in de vriezer.

93.Chocolade Middernachttaart

INGREDIËNTEN:

- 1/2 kop (2 ounces) Nederlands cacaopoeder, bij voorkeur Valrhona
- 1 1/2 kopjes (10 1/2 ounces) suiker
- 2 theelepels koosjer zout of 1 theelepel fijn zeezout
- 1 3/4 kopjes (9 1/4 ounces) bloem voor bijdoeleinden
- 1 theelepel zuiveringszout
- 2 theelepels vanille-extract
- 1/2 kopje neutranaar desmakende olie
- 1 1/2 kopjes kokend water of vers gezette sterke koffie
- 2 grote eieren op kamertemperatuur, licht geklopt
- 2 kopjes vanillecrème

INSTRUCTIES:

a) Verwarm de oven voor op 350 ° F. Plaats een rek in het bovenste derde deel van de oven.
b) Vet twee 8-inch cakevormen in en bekleed ze met bakpapier. Vet ze in en bestrooi ze rijkelijk met bloem, klop het overtollige eruit en zet opzij.
c) Klop in een middelgrote kom de cacao, suiker, zout, bloem en zuiveringszout door elkaar en zeef het vervolgens in een grote kom.
d) Roer in een middelgrote kom de vanille en de olie door elkaar. Breng het water aan de kook of zet de koffie. Voeg het toe aan het olie-vanillemengsel.
e) Maak een kuiltje in het midden van de droge ingrediënten en klop er geleidelijk het water-oliemengsel door tot het is opgenomen. Klop geleidelijk de eieren erdoor en roer tot een gladde massa. Het beslag znaar dedun zijn.
f) Groenteel het beslag gelijkmatig over de voorbereide pannen. Laat de pan een paar keer vanaf een hoogte van 7,5 cm op het aanrecht vallen om eventueel gevormde luchtbellen te laten ontsnappen.
g) Bak in het bovenste derde deel van de oven gedurende 25 tot 30 minuten, totdat de cakes bij aanraking terugveren en gewoon van de randen van de pan loskomen. Een ingestoken tandenstoker moet er schoon uitkomen.
h) Laat de cakes volledig afkoelen op een rooster voordat u ze uit de vorm haalt en het bakpapier eraf haalt. Om te serveren, plaats je een laag naar beneden op een taartbord. Groenteel 1 kop vanillecrème in het midden van de cake en plaats de tweede laag er voorzichtig bovenop. Groenteel de resterende room over het midden van de bovenste laag en zet het maximanaar de2 uur in de koelkast voordat u het serveert.
i) Je kunt de taart ook afdekken met roomkaasglazuur, serveren met ijs, of gewoon de taarten bestrooien met cacaopoeder of poedersuiker. Het beslag zorgt ook voor fantastische cupcakes!
j) Goed verpakt is deze cake 4 dagen houdbaar bij kamertemperatuur, of 2 maanden in de vriezer.

94.Verse gember- en melassecake

INGREDIËNTEN:
- 1 kop (4 ons) geschilde, in dunne plakjes gesneden verse gember (ongeveer 5 ons ongeschild)
- 1 kop (7 ons) suiker
- 1 kopje neutranaar desmakende olie
- 1 kopje melasse
- 2 1/3 kopjes (12 ounces) bloem voor bijdoeleinden
- 1 theelepel gemalen kaneel
- 1 theelepel gemalen gember
- 1/2 theelepel gemalen kruidnagel
- 1/4 theelepel versgemalen zwarte peper
- 2 theelepels koosjer zout of 1 theelepel fijn zeezout
- 2 theelepels zuiveringszout
- 1 kopje kokend water
- 2 grote eieren op kamertemperatuur
- 2 kopjes vanillecrème

INSTRUCTIES:

a) Verwarm de oven voor op 350 ° F. Plaats een rek in het bovenste derde deel van de oven. Vet twee 9-inch cakevormen in en bekleed ze met bakpapier. Vet ze in en bestrooi ze rijkelijk met bloem, klop het overtollige eruit en zet opzij.

b) Pureer de verse gember en suiker samen in een keukenmachine of blender tot een gladde massa, ongeveer 4 minuten. Giet het mengsel in een middelgrote kom en voeg de olie en melasse toe. Klop om te combineren en zet opzij.

c) Klop in een middelgrote kom de bloem, kaneel, gember, kruidnagel, peper, zout en zuiveringszout door elkaar en zeef het vervolgens in een grote kom. Opzij zetten.

d) Klop het kokende water door het suiker-oliemengsel tot het gelijkmatig gemengd is.

e) Maak een kuiltje in het midden van de droge ingrediënten en klop er geleidelijk het water-oliemengsel door tot het is opgenomen. Klop geleidelijk de eieren erdoor en roer tot een gladde massa. Het beslag znaar dedun zijn.

f) Groenteel het beslag gelijkmatig over de voorbereide pannen. Laat de pan een paar keer vanaf een hoogte van 7,5 cm op het aanrecht vallen om eventueel gevormde luchtbellen te laten ontsnappen.

g) Bak in het bovenste derde deel van de oven gedurende 38 tot 40 minuten, totdat de cakes bij aanraking terugveren en gewoon van de randen van de pan loskomen. Een ingestoken tandenstoker moet er schoon uitkomen.

h) Laat de cakes volledig afkoelen op een rooster voordat u ze uit de vorm haalt en het bakpapier eraf haalt.

i) Om te serveren, plaats je een laag op een taartbord. Groenteel 1 kop vanillecrème in het midden van de cake en plaats de tweede laag er voorzichtig bovenop. Groenteel de resterende room over het midden van de bovenste laag en zet het maximanaar de2 uur in de koelkast voordat u het serveert.

j) Je kunt de taart ook afdekken met roomkaasglazuur, serveren met ijs, of gewoon de taarten bestrooien met poedersuiker. Het beslag zorgt ook voor fantastische cupcakes!

k) Goed verpakt is deze cake 4 dagen houdbaar bij kamertemperatuur, of 2 maanden in de vriezer.

95. Theecake met amandelen en kardemom

INGREDIËNTEN:
VOOR DE AMANDELTOpping
- 4 eetlepels boter (2 ons)
- 3 eetlepels suiker
- 1 karige kop gesneden amandelen (3 ons)
- Snufje schilferig zout, zoals Maldon

VOOR DE TAART
- 1 kop (5 1/4 ounces) cakemeel
- 1 theelepel bakpoeder
- 1 theelepel koosjer zout of 1/2 theelepel fijn zeezout
- 1 theelepel vanille-extract
- 2 1/2 theelepel gemalen kardemom
- 4 grote eieren op kamertemperatuur
- 1 kopje amandelspijs (9 1/2 ounces) op kamertemperatuur
- 1 kop (7 ons) suiker
- 16 eetlepels boter (8 ons) op kamertemperatuur, in blokjes

INSTRUCTIES:
a) Verwarm de oven voor op 350 ° F. Plaats een rek in het bovenste derde deel van de oven. Beboter en bebloem een ronde cakevorm van 9 bij 2 inch en bekleed deze met bakpapier.

b) Maak de amandeltopping. Kook de boter en de suiker in een kleine pan op middelhoog vuur gedurende ongeveer 3 minuten, totdat de suiker volledig is opgelost en de boter borrelt en schuimt. Hanaar devan het vuur en roer de gesneden amandelen en het schilferige zout erdoor. Giet dit mengsel in de cakevorm en gebruik een rubberen spatel om het gelijkmatig over de bodem van de pan te groentelen.

c) Zeef voor de cake de bloem, het bakpoeder en het zout op een stuk bakpapier om gelijkmatig te mengen en eventuele klontjes te verwijderen. Opzij zetten.

d) Klop in een kleine kom de vanille, kardemom en eieren grondig door elkaar. Opzij zetten.

e) Doe de amandelspijs in de kom van een keukenmachine en pulseer een paar keer om het te breken. Voeg 1 kopje suiker toe en laat 90 seconden draaien, of totdat het mengsel zo fijn is als zand. Als je geen keukenmachine hebt, doe dit dan in je keukenmixer; het duurt alleen wat langer, ongeveer 5 minuten.

f) Voeg de boter toe en ga door met verwerken tot het mengsel heel licht en luchtig is, minimanaar de2 minuten. Stop en schraap de zijkanten van de kom schoon om ervoor te zorgen dat alles gelijkmatig wordt gecombineerd.

g) Terwijl de machine aan staat, begint u langzaam het eimengsel toe te voegen, lepel voor lepel, alsof u een mayonaise maakt (dit is inderdaad een emulsie!). Laat elke toevoeging van ei absorberen, zodat het mengsel zijn gladde, zijdeachtige uiterlijk terugkrijgt, voordat je meer eieren toevoegt. Wanneer bijeieren zijn toegevoegd, stop dan en schraap de zijkanten van de kom met een rubberen spatel, en blijf dan mixen tot alles goed gemengd is. Schep het beslag in een grote kom.

h) Pak het bakpapier en gebruik het om de bloem in drie porties over het beslag te strooien. Spatel voorzichtig de bloem tussen de toevoegingen door tot het net is opgenomen. Vermijd te veel mixen, want hierdoor wordt de cake taai.

i) Giet het beslag in de voorbereide pan en bak op het voorbereide rooster gedurende 55 tot 60 minuten, of totdat een ingestoken tandenstoker er schoon uitkomt. De cake trekt gewoon weg van de zijkanten van de pan als hij gaar is. Laat de cake afkoelen op een rooster. Ga met een mes langs de zijkanten van de pan en verwarm vervolgens de bodem van de pan een paar seconden direct boven de kookplaat om de cake te laten ontvormen. Verwijder het papier en plaats het op een taartbord tot het klaar is om te serveren.

j) Serveer deze cake zo, of met een bessen- of steenfruitcompote en vanille- of kardemomcrème.

k) Goed verpakt is deze cake 4 dagen houdbaar bij kamertemperatuur, of 2 maanden in de vriezer.

96.Bitterzoete chocoladepudding

INGREDIËNTEN:
- 4 ons bitterzoete chocolade, grof gehakt
- 3 grote eieren
- 3 kopjes half om half
- 3 eetlepels (3/4 ounce) maizena
- 1/2 kop + 2 eetlepels (5 ounces) suiker
- 3 eetlepels (iets meer dan 1/2 ounce) cacaopoeder
- 1 1/4 theelepel koosjer zout of 1/2 theelepel fijn zeezout

INSTRUCTIES:

a) Doe de chocolade in een grote, hittebestendige kom en plaats er een fijnmazige zeef overheen. Opzij zetten.
b) Breek de eieren in een middelgrote kom en klop ze lichtjes. Opzij zetten.
c) Giet de helft en de helft in een middelgrote pan en zet op laag vuur. Hanaar devan het vuur zodra het stoom begint af te geven en breng aan de kook. Laat het niet koken: als zuivel kookt, breekt de emulsie en coaguleren de eiwitten. De textuur van een custard gemaakt met gekookte zuivel znaar denooit helemanaar deglad zijn.
d) Klop in een mengkom het maizena, de suiker, het cacaopoeder en het zout door elkaar. Klop de warme half en half erdoor. Doe het mengsel terug in de pan en zet het op middelhoog vuur.
e) Kook, onder voortdurend roeren met een rubberen spatel, gedurende ongeveer 6 minuten, tot het mengsel zichtbaar dikker wordt. Hanaar devan het vuur. Om te testen of het mengsel dik genoeg is, maak je met je vinger een lijn door de pudding op de achterkant van de lepel. Het moet een lijn vasthouden.
f) Voeg langzaam ongeveer 2 kopjes van het hete puddingmengsel toe aan de eieren terwijl je voortdurend blijft kloppen, doe het geheel terug in de pan en zet het op laag vuur. Blijf voortdurend roeren en kook nog een minuut of zo totdat het mengsel weer zichtbaar dikker wordt of op een thermometer 208 ° F registreert. Hanaar devan het vuur en giet door de zeef. Gebruik een kleine pollepel of rubberen spatel om de pudding door de zeef te leiden.
g) Laat de restwarmte de chocolade smelten. Gebruik een blender (of staafmixer, als je die hebt) om alles goed te mengen tot het mengsel satijnachtig en glad is. Proef en pas het zout aan indien nodig.
h) Giet onmiddellijk in 6 individuele kopjes. Tik zachtjes met de onderkant van elk kopje op het aanrecht om luchtbellen te laten knappen. Laat de pudding afkoelen. Serveer op kamertemperatuur, gegarneerd met Scented Cream.
i) In de koelkast, afgedekt, maximanaar de4 dagen bewaren.

97. Karnemelk Panna Cotta

INGREDIËNTEN:
- Neutranaar desmakende olie
- 1 1/4 kopjes zware room
- 7 eetlepels (3 ons) suiker
- 1/2 theelepel koosjer zout of 1/4 theelepel fijn zeezout
- 1 1/2 theelepels niet-gearomatiseerde poedervormige gelatine
- 1/2 vanillestokje, in de lengte gespleten
- 1 3/4 kopjes karnemelk

INSTRUCTIES:
a) Gebruik een deegborstel of je vingers om de binnenkant van zes 6-ounce schaaltjes, kleine kommen of kopjes lichtjes met olie te bestrijken.
b) Doe de room, de suiker en het zout in een kleine pan. Schraap de zaadjes uit het vanillestokje in de pan en voeg ook het boontje toe.
c) Doe 1 eetlepel koud water in een kleine kom en strooi er voorzichtig de gelatine over. Laat het 5 minuten zitten om op te lossen.
d) Verwarm de room zachtjes op een middelhoog vuur, naar deroerend tot de suiker oplost en stoom uit de room begint te stijgen, ongeveer 4 minuten (laat de room niet sudderen - de gelatine wordt hierdoor gedeactiveerd als deze te heet wordt). Zet het vuur heel laag, voeg de gelatine toe en roer tot bijgelatine is opgelost, ongeveer 1 minuut. Hanaar devan het vuur en voeg de karnemelk toe. Giet het door een fijnmazige zeef in een maatbeker met tuit.
e) Giet het mengsel in de voorbereide schaaltjes, dek af met plasticfolie en zet in de koelkast tot het stevig is, minimanaar de4 uur of een hele nacht.
f) Om ze uit de vorm te halen, dompelt u de schaaltjes in een schanaar demet heet water en keert u de custards vervolgens om op borden. Garneer met citrus-, bessen- of steenfruitcompote.
g) Kan maximanaar de2 dagen van tevoren worden bereid.

98. Marshmallow-schuimgebakjes

INGREDIËNTEN:
- 4 1/2 theelepels (1/2 ounce) maizena
- 1 1/2 kopjes (10 1/2 ounces) suiker
- 3/4 kop (6 ounces/ongeveer 6 grote) eiwitten op kamertemperatuur
- 1/2 theelepel wijnsteencrème
- Snufje zout
- 1 1/2 theelepel vanille-extract

INSTRUCTIES:

a) Verwarm de oven voor op 250 ° F. Bekleed twee bakplaten met bakpapier.
b) Klop in een kleine kom het maizena en de suiker door elkaar.
c) In de kom van een keukenmixer voorzien van een gardeopzetstuk (als u geen keukenmixer heeft, kunt u een elektrische handmixer met gardeopzetstuk gebruiken), klop het eiwit, de wijnsteenroom en het zout. Begin op een lage snelheid en verhoog langzaam naar gemiddelde snelheid totdat er sporen zichtbaar worden en de eiwitbelletjes erg klein en uniform zijn, ongeveer 2 tot 3 minuten. Neem hier de tijd.
d) Verhoog de snelheid tot middelhoog, langzaam en geleidelijk bestrooid met het suiker-maïzena-mengsel. Een paar minuten nadat de suiker is toegevoegd, giet je langzaam de vanille erbij. Verhoog de snelheid iets en klop tot de meringue glanzend is en er stijve pieken ontstaan wanneer de garde wordt opgetild, 3 tot 4 minuten.
e) Schep lepels meringue ter grootte van een golfbnaar deop het bakpapier en gebruik een tweede lepel om het van de lepel te schrapen. Beweeg met uw pols om onregelmatige pieken te veroorzaken die zich bovenop elke meringue vormen.
f) Schuif de bakplaten in de oven en verlaag de temperatuur tot 225 ° F.
g) Draai na 25 minuten de pannen 180 graden en wissel van positie op de roosters. Als de meringues kleur beginnen te vertonen of barsten vertonen, verlaag dan de temperatuur tot 200°F.
h) Bak nog eens 20 tot 25 minuten, totdat de meringues gemakkelijk van het papier loskomen, de buitenkant knapperig en droog aanvoelt aan de buitenkant en het midden nog steeds marshmallows is. Proef er gewoon een om te controleren!
i) Hanaar dede meringues voorzichtig van de bakplaat en laat ze afkoelen op een rooster.
j) Ze zijn in een goed afgesloten verpakking bij kamertemperatuur, of afzonderlijk verpakt, maximanaar deeen week houdbaar als uw huis niet vochtig is.

99.Geparfumeerde crème

INGREDIËNTEN:
- 1 kopje slagroom, gekoeld
- 1 1/2 theelepel kristalsuiker
- Eventuele smaakopties

INSTRUCTIES:

a) Zet een grote, diepe metalen kom (of de kom van uw staande mixer) en de garde (of gardeopzetstuk) minimanaar de20 minuten in de vriezer voordat u begint. Wanneer de kom gekoeld is, bereidt u de room met de door u gekozen smaak, zoals hieronder aangegeven, en voegt u vervolgens de suiker toe.

b) Klop tot de eerste zachte pieken verschijnen. Als u een machine gebruikt, schakel dan over op een handgarde en blijf kloppen totdat bijvloeibare room is opgenomen en de textuur van de room gelijkmatig zacht en golvend is.

c) Proef en pas de zoetheid en smaak naar wens aan. Bewaar gekoeld tot het serveren.

d) Dek de restjes af en bewaar ze maximanaar de2 dagen in de koelkast. Gebruik een garde om de leeggelopen room indien nodig weer in zachte pieken te brengen.

100. Gezouten Karamelsaus

INGREDIËNTEN:
- 6 eetlepels (3 ons) ongezouten boter
- 3/4 kop suiker (5 1/4 ounces)
- 1/2 kop zware room
- 1/2 theelepel vanille-extract
- Zout

INSTRUCTIES:
a) Smelt de boter in een diepe, stevige pan op middelhoog vuur. Roer de suiker erdoor en zet het vuur hoog. Maak je geen zorgen als het mengsel uiteenvalt en er gebroken uitziet. Houd het geloof vast, het znaar deweer bij elkaar komen. Roer tot het mengsel weer aan de kook komt en stop dan met roeren. Terwijl de karamel kleur begint te krijgen, draait u de pan voorzichtig rond om een gelijkmatige bruining te bevorderen.

b) Kook tot de suiker diep goudbruin is en nauwelijks begint te roken, ongeveer 10 tot 12 minuten.

c) Hanaar devan het vuur en klop onmiddellijk de room erdoor. Pas op, want het zeer hete mengsel znaar deheftig opborrelen en spetteren. Als er nog klontjes karamel achterblijven, klop de saus dan zachtjes op laag vuur tot ze oplossen.

d) Laat de karamel afkoelen tot lauw en breng hem op smaak met de vanille en een flinke snuf zout. Roer, proef en pas het zout aan indien nodig. De karamel wordt dikker naarmate deze afkoelt.

e) Dek de restjes af en bewaar ze maximanaar de2 weken in de koelkast. Verwarm zachtjes in de magnetron of door te roeren in een pan op een zeer laag vuur.

CONCLUSIE

Nu we onze verkenning van 'Het Zout, Vet, Zuur, Hitte Kookboek' afsluiten, hopen we dat je een dieper inzicht en waardering hebt gekregen voor de transformerende kracht van deze vier essentiële elementen bij het koken. Zout, vet, zuur en warmte zijn niet alleen maar ingrediënten; ze vormen de basis waarop geweldige gerechten worden gebouwd. Terwijl u uw culinaire reis voortzet, mogen de kennis en vaardigheden die u uit dit kookboek heeft verworven u in staat stellen gerechten te creëren die niet alleen heerlijk zijn, maar ook onvergetelijk.

Terwijl de laatste pagina's van dit kookboek worden omgeslagen en de geur van je nieuwste culinaire creatie de lucht vult, weet je dat de reis hier niet eindigt. Omarm de principes van zout, vet, zuur en hitte in je dagelijkse keuken, experimenteer met nieuwe technieken en smaakcombinaties, en laat je creativiteit schitteren terwijl je de eindeloze mogelijkheden van deze vier elementen verkent.

Bedankt dat je met ons meegaat op deze smaakvolle reis door de wereld van zout, vet, zuur en hitte. Moge uw keuken gevuld zijn met het sissen van verschroeiende pannen, de geur van versgemalen kruiden en de voldoening van het creëren van gerechten die de zintuigen verrukken en de ziel voeden. Tot we elkaar weer ontmoeten, veel kookplezier en eet smakelijk!

www.ingramcontent.com/pod-product-compliance
Lightning Source LLC
Chambersburg PA
CBHW070649120526
44590CB00013BA/892